鈴木洋嗣
Yoji Suzuki

文藝春秋と政権構想

KODANSHA

はじめに

編集者は黒子である。そう考えてきた。

本来ならば、「政権構想の内幕」など活字にするようなことではないかもしれないが、いまの雑誌の有り様、コタツ記事、ＳＮＳの大隆盛をみて、気が変わった。

「スクープの99パーセントはリークなんだよ」と教えてくれたのは、ノンフィクション作家の佐藤正明だ。新聞記者最高の栄誉である新聞協会賞、書籍・雑誌世界でのノンフィクション作品ナンバーワンを選ぶ大宅壮一ノンフィクション賞、この二つを受賞した唯一の作家である。

「だいたい、企業の中で派閥同士の内紛があったりトラブルがあったりするからこそ、絶対に外部に出ないはずの機密情報が洩れてくる」

「ただ例外もある。『つくるスクープ』というと誤解を招くかもしれないが、まったく違う特ダネのあり方だ。たとえば、Ａ社とＢ社が経営統合や合併するかもしれないという場面。Ａ社が業務提携や統合相手を探していることを察知して、そのお相手としてＢ社を紹介する。A社とB社のあいだで合併話が進めば、タイミングを計って発表する。これは他社には絶対に抜かれない。こういうスクープのやり方だよ」

いとも簡単に佐藤は言うが、そもそもA社の首脳に信頼がなければ経営方針のホンネはわからないし、そのニーズを把握してもB社との仲立ちをするには双方の会社の内情に通じていなければできることではない。さらに巨大企業の提携や合併には様々な思惑が交錯し数々の障害が起こってくるが、それを一つ一つ片づけていって企業同士の仲人になるわけだ。実際、佐藤はトヨタとGMの経営統合を仲立ちしてスクープしていた。

この話を聞いてなるほどとは思いながらも、完全に「記者の仕事」のノリを超えていると思った。実際、やっていいことなのか。そもそも、そんなことが果たして自分にできるのだろうか。この話を聞いたのは30歳の頃であった。雑誌記者・編集者であるわたしは企業の経営者に食い込むことはできないかもしれないが、政治家相手だったら、ひょっとして何かできるのではないか、そんなことをぼんやり考えていた。

「創政会」誕生当日、竹下登の顔面蒼白

雑誌で政治に関わる取材を始めて今年で40年となる。

新米社員だったわたしの〝政治記者〟デビュー戦は、苦い思い出だ。

「あれがハシリューだよ」

1985年2月7日午前7時、平河町の砂防会館別館前。寒さに震えながら木綿のトレンチコートの襟を立てて張り込んでいた。玄関には記者たちが群がっている。この日は、親分である田中角栄から袂《たもと》をわかって、竹下登を担ぎ上げる「創政会」の旗揚げの日だった。当初、角栄直系だった小沢一郎、梶山静六らで内密に進められてきた分派活動も大詰めを迎えていた。ここ数日、角栄側の猛烈な切り崩し工作に遭い、竹下を担ごうとする80人ともいわれた議員の数は大幅に削られていった。

自民党の田中派支配がどう変わるのか。新聞、テレビ、雑誌とあらゆるメディアが総動員して、この派閥の激突取材に当たっていた。田中角栄に反旗を翻すというのは、文字通り命懸け。政治生命をかけた闘いになる。いったい何人の政治家が集まるのか。

そんな緊迫の場面で、横にいるベテランカメラマンの堀田喬に「あのポマードで頭を固めた人は誰ですか」とのんきに尋ねたところ、そんなことも知らないのかという目をしながら、「ハシリュー（橋本龍太郎・後首相）だよ」とぶっきらぼうに教えてくれた。そのあと黒塗りから颯爽と降り立ったのは中村喜四郎（後の建設相）だった。なんだかヤクザの親分みたいなひとだなと思った（映画『ブラック・レイン』の松田優作を思い浮かべていただきたい）。

「一人、二人」と数えていたが、数十人の政治記者たちに揉みくちゃにされているうちに混乱してよくわからなくなった。

ただ、最後に竹下登がクルマを降りてくるところは、運良く絶好の位置にいた。顔面蒼白とは、こういう人のことを言うのだな、あの表情はいまも忘れられない。

結局、田中派121人のうち、竹下についたのは40人だった。

週刊誌記者としての駆け出し時代

「週刊文春」編集部では、新聞、通信社、テレビ局とは異なり、自分から名乗りを挙げれば「政治担当」「政治記者」になれる。新聞やテレビ局のように「政治部」があるわけではなく、言ってみれば「ひとり政治部」のようなものだ。

もちろん、上司や編集部がそれと認めてくれなければ、政治モノのネタは取材させてくれないのだが、そもそも自ら手を挙げなければ、そうした永田町の記事を担当させてくれない。わたしは、学生時代から選挙や政治に興味があり、この日本という国のシステムに関心があった。この日は、政治家を間近で見るというのも初体験で、無茶苦茶に寒かったが、なんだか嬉しかったのを覚えている。

当時、永田町において週刊誌記者の地位は低く、政治家にはまったくと言っていいほど相手にされない。国会議員に面会のアポを取るのも一苦労であった。与党・自民党であればなおさらで、およそ派閥幹部といわれる人は会ってもくれない。我々下っ端記者は先輩にいわれて「記者の記者」になるしかないのだ。つまり、各メディアの「(仕事の) 出来る記者」にお教えを乞うてネタをもらってくるわけである。恥ずかしいといえば恥ずかしい。特に公平公正、中立を旨とする公共放送・NHKの記者はせっかくの特ダネも立場上、書けないことが多い。「ウチでは出来ないから」と取材メモを丸ごとポンともらったことも一度や二度ではない。余談になるが、週刊誌記者が訪ねてこないような記者さんは周りから評価されていないことを自覚すべきだろう。

印象に残る四つの仕事

私の40年のキャリアを説明しておくと、ざっくりいえば、週刊誌が20年弱、月刊「文藝春秋」(文春社内では「本誌」と呼ぶ) とは15年ほどの関わりがあった。文春では3年から5年で異動となるので、週刊誌と本誌を行ったり来たりしていた。その中で印象に残る仕事が四つある。

いちばんの強烈な記憶は、2012年、安倍晋三第二次政権が打ち出す「アベノミクス」の基本的な設計に関わり、月刊「文藝春秋」に安倍の政権構想を掲載したことだ。第二には、安倍長期政権に続く、2020年の菅義偉政権誕生の折り、インタビューをしてまとめた「我が政権構想」である。

さらに三番目としては、古い話で恐縮だが、新党ブームの草分けの記事だ。1992年、田中派支配に「待った」をかけた細川護熙「自由社会連合結党宣言（後の日本新党）」の立ち上げを仕掛けた。そして最後は、バブル崩壊後、あまたの銀行、証券会社が破綻した金融危機に際して、1997年に発表した梶山静六「わが日本経済再生のシナリオ」であった――。これらの記事に共通しているのは、いずれもリークによって出来た記事ではなかったことである。まさに何もないところで一差し舞ってみせるようなミッションだった。前述した「つくるスクープ」と言えるかもしれない。長く編集者をやっていても、そうそう出会うことのない類の仕事であった。

雑誌ジャーナリズムの立ち位置

もうひとつ指摘しておきたいのは、雑誌ジャーナリズムの立ち位置である。「自ら名乗れば政治記者になれる」と書いたが、実は「経済記者」にも「社会部記者」「運動部（スポーツ）記者」「文化部記者」「芸能記者」にもなれる。

永田町を長く取材していて気づいたことがある。大手メディアの政治記者は政局しか取材しないことだ。彼らの関心事は、第一に人事であり派閥の動き、第二に選挙、三番目は国会の動向、予算の中身、そして、外交、政党間の離合集散と続く。不思議なことに、政治記者たちは政策、とくに経済・金融政策についてあまり興味を持っていない。そもそも取材対象になっていない。たまに経済政策が意味を持つことがあっても、それは政権支持率の浮揚に繋がるか、選挙の争点になるかという視点で捉えている。

だから原則として経済政策の中身に立ち入って精査することをしていないように思える。むろん日本経済新聞は例外である。あまたの政治記者と付き合ってきたが、彼らから経済政策の評価を聞いたことはほとんど無い。

これは新聞・通信社、テレビ局など、大手メディアの構造的な弱点、あるいは欠陥と言っていい。メディアの編集局は社の経営から独立して存在し、その下に政治部、経済部、社会部、文化部、運動部などが並立している。社によって組織のなかで力のあるセクションは異なるが、概ね政治部や社会部が編集局の中核となることが多い。その典型がＮＨＫで、予算を国会に握られているため政治部中心だ。朝日新聞でいえば、政治部と経済部出身者がたすき掛けで社長を交代することで知られていた。大手メディアのほとんどが完全な縦割り組織である。

言うまでもなく経済・金融政策は、政治部と経済部に跨がる領域が取材対象になる。ところが、政治部記者は永田町の政治家だけを取材し、経済部記者は官庁や日銀などの記者クラブを中心に動く。もちろん企業取材も担当する。

たとえば、大型経済対策ともなれば物価対策、為替などの金融にも関わるが、政治部記者は日銀の金融政策などほとんど興味がなく、金融素人なのが実態だ。中には経済部に所属した経験のある政治記者もいるが、日経以外はひじょうに少ない。しかも、双方の領空侵犯を極端に嫌っている。政治部記者が経済官庁を取材することはほとんどなく、逆に経済部記者が政治家を取材しようものなら政治部から強い抗議を受けることすらある。結果、国民生活にとってダイレクトに重要な経済対策は、メディアのセクショナリズムの狭間に落ち込む形となっている。このビルの谷間に気づいた時、この狭間の空間こそが雑誌ジャーナリズムの出番なのではないかと考えた。

わたしは、生前の司馬遼太郎さんに直接お目にかかることのできた最後の世代になる。学生時代、司馬さんの著書はほとんど読んでいたし、その著作がいかにして書かれたのか、一次資料も読み漁っていた。そのおかげで文春にも入社できたと思っている。そんな存在の司馬さんは文藝春秋を愛してくださった。「愛用の万年筆」といった趣ではあったが、一夜、お酒を供にする機会があり、居並ぶ文春幹部の横で、司馬さんの「文藝春秋論」を聞いていた。

司馬さんは「文藝春秋はこの国のタカラだ」と仰った。その神髄は「リアリズムであって、相手の心の臓を目掛けて手を差し込み、その臓器を抉って高く掲げ、その血のしたたるサマまでしっかりと書くのが文春の仕事だ」といわれた。何より大切なことは、物事の本質を見極めて、そこを記事にすること。もっと上品な表現だったと思うが、わたしは司馬さんの言葉をそう理解していた。贔屓目なのだろうが、文春の役割を明確に示していただいたと思っている。それからは、司馬さんの言葉を胸のど真ん中に置いて仕事を進めてきたつもりだ。

冒頭、黒子であるのに気持ちが変わったと書いた。それは、リーク全盛のメディア、SNSで拡散する真偽不明、有象無象の情報過多の時代にあって、自分のしてきた仕事もひょっとすると世の中に伝える意味があるのではないかと考えたからだ。ジャーナリズムのあり方も多様で重層的な、さまざまなアプローチがあってもいいと思う。

一方の陣営から得たリークされた情報を相手サイドに当てて（事実確認をすること）書く、そんなスタイルの記事があまりにも多いのではないか。むろん自分もそうした仕事を数多く手掛けてきたのであって、その重要性もよくわかる。政権を倒すことに繋がったスキャンダルも、いくつか関わった。だがしかし、そうしたジャーナリズムばかりじゃない気もする。司馬さんの言われた「リアリズム」のある、本質を捉えた記事を書きたいと思ってきた。

政治家に対する本質的な理解

とくに政治ジャーナリズムの難しさは、当事者が権力ある側の常として最大限、批判のターゲットとなることだ。政治家は記者たちに対して身構え、本当のこと、本音をなかなか明かさない。逆に懐に飛び込むことができても特定の政治家ベッタリでは「御用記者」と言われて読者、国民の信用を失う。権力との距離、読者との距離。双方のどこに身を置くべきか――。おそらく多くの政治記者は自問自答していることだろう。

「反権力」「権力のチェック機能」がメディアの使命の根幹であることに異論はない。ただ、批判ばかり、人を貶めるための言説に少々息苦しさを覚える。批判は自由。しかし、取材対象である政治家に対して、本質的な理解は欠かせない。その本質抜きに言葉の厳しさを重ねても、逆に骨を断つような〝批判の剣〟を振るうことはできないのではないか。同時に「そんなものはジャーナリズムじゃない」とする立場もよくわかるし、その批判も甘んじて受けたいと思う。

長いあいだ、接触することすら困難であった梶山静六と、ある程度打ち解けて話ができる関係となり、議員会館で政策論議になったことがあった。意見は激しく対立した。若気の至りであったと思う。二人きりでやり合ったあとに、「別に先生のために政策提言をやっているわけじゃない。お国のためにやってるんですよ」と言い返した。そのとき、梶山は「ほおッ」という表情になった気がした。推測にはなるが、そんな偉そうな台詞を口走って以降、梶山はわたしを本当に信用してくれたように感じる。

政治家たちに鍛えてもらった

そして、雑誌編集者としてのわたしを鍛えてくれたのは梶山たち政治家だったと思う。この本に掲げた四人の政治家は、それぞれ別の角度から影響を受けたように思う。順不同となって恐縮だが、第四章の細川護煕には「政治のダイナミズム」を、第三章の梶山静六には「政治哲学の王道」と「政策立案の基礎」を教わった（何より本物の政治家に会えたはじめての経験だった）。第一章の安倍晋三には、この国に脈々と受け継がれる長州閥の「政治の知恵」を、菅義偉には、文字通り「政治の修羅場」と「改革とは何か」を間近で見せてもらったように思う。その根底には、20代で週刊誌記者として数々の現場を踏ませてもらった体験が大きい。

メディアの世界に入るとき、作文指導の師匠（元毎日新聞記者・瀬下恵介）の言葉はいまも鮮明に憶えている。「君はこれから『文藝春秋』の名刺一枚で誰とでも会えることになる。総理大臣や日銀総裁、企業のトップから、芸能人といった有名人だって出会えるだろう。果ては犯罪者やヤクザの組長まで、取材で会うことができる。でも勘違いするなよ。キミが偉くなったわけではなくて、それは読者の『知る権利』『表現の自由』を代行しているに過ぎないんだから」と、キツイ調子で言われた。確かにこの四十年間、読者の代理人として総理も総裁も山口組組長もみな会うことができた。その都度、普通のサラリーマンでは経験できないような場面に何度も立ち合ってきたように思う。この濃密な体験が、編集者として稼動領域を広げてくれた。同時に、経済人、学者やエコノミストたちから知恵を借りて、それを政治の世界（政策決定）に持ち込んでいく編集手法を身につけていった。
これから書いていこうと思うのは、政権構想や経済政策をめぐる、政治家たちと一編集者との関わりの物語である。繰り返しで恐縮であるが、政治・経済ジャーナリズムにも、こんなアプローチがあることを知っていただければ幸いである。

（本文では登場する方々の敬称は略させていただきます）

はじめに　1

第一章　安倍晋三　17
鳴り物入りで始まった経済政策「アベノミクス」。その策定にひそかにかかわった筆者は、次第に疑問を抱くようになる。無制限金融緩和、ゼロ金利継続は本当に正しかったのか？

第二章　菅義偉　67
リアリストにしてプラグマティスト。新型コロナに振り回されて政権は短命に終わったが、「携帯電話の料金を豪腕で下げさせた」など、実績が再評価される政治家・菅の本質とは。

第三章　梶山静六　83
銀行の不良債権を「ハードランディング」で処理すべきと主張し、総裁選に敗れて無派閥に。日本の政官財が「無責任のキャッチボールを続けている」と喝破した、信念のひとだった。

第四章　細川護熙　143

筆者に背中を押され、月刊「文藝春秋」で「新党結党宣言」をして、非自民連立政権の総理に。戦後政治のターニングポイントと呼ばれる細川政権について、本人はいま何を語るのか。

第五章　これからの経済政策プラン　179

在野の政治経済記者として取材を続けてきた筆者による、「失われた30年を生んだ経済政策」の俯瞰による検証と、日本が生き残るための「これからの経済政策」の提言。

あとがき　219

主な参考文献　230

ブックデザイン
竹内雄二
本文写真
共同通信社

第一章 安倍晋三

鳴り物入りで始まった経済政策「アベノミクス」。
その策定にひそかにかかわった筆者は、
次第に疑問を抱くようになる。
無制限金融緩和、ゼロ金利継続は本当に正しかったのか？
2014年、アベノミクスに代わる新しい経済政策
「ジャパノミクス」を提案したが、
「官邸官僚」今井尚哉によって葬り去られる。
安倍晋三は結局、「経済のひと」ではなかったのか。

新橋第一ホテルのロビー

「もう安倍さんはやめて、別のひとを担ぎましょうよ……。そうでなければ、菅さんご自身が立つという選択肢もなくはない。及ばずながら（政策、政権構想などで）お手伝いさせていただきたいと考えています」

2012年、ゴールデンウイーク明けの昼下がり、新橋第一ホテルの一階ロビーでは多くのビジネスマンたちが打ち合わせをしていた。そのラウンジの片隅のテーブルで、わたしは菅義偉衆議院議員（当時63歳）と向かい合っていた。当時の菅は有名政治家とはいえず、我々の会話など誰も気にするそぶりもない。後に詳述するが、この時点で菅との付き合いは、代議士一回生の時から10年以上に及ぶ。席に着き挨拶もそこそこに、この年の秋に予定されていた自民党総裁選について、こう切り出した。

菅の表情は硬かった。安倍晋三が第一次政権を投げ出してから既に4年半が経過していた。安倍退陣後、政権は福田康夫、麻生太郎とつづき、自民党は民主党に破れ野に下って3年。そして、鳩山由紀夫、菅直人、野田佳彦と続いた民主党政権の寿命が、はっきりと見えた時期だった。

菅は遠くに目をやりながら、何かを考えているようだった。

2009年の総選挙では、いわば「政権交代」が政権構想。インパクトは強烈だった。この「政権交代」のお題目が自民党政治にうんざりしていた有権者の胸に響いた。国民は、こぞってこの「政権交代行き」のバスに乗り込んだのだが、このバスの乗り心地、迷走ぶりはひどいものであった。

慣れない運転（政権運営）で、多少道を外したりスピードを出しすぎたり、あるいは壁に車体を擦すったりすることはあるだろうと考えていたが、想像以上に荒っぽく稚拙なドライブであった。2011年、東日本大震災が起きた菅直人政権では、福島第一原発事故の対応をめぐって国民の多くは文字通り生きた心地がしない思いをした。民主党という運転手は「まさかの無免許運転」だったことがわかり、国民は一刻も早くバスを降りたがっていた。

ならば、野党・自民党で、次の政権を担うことができるのは誰なのか――そこが焦点となっていた。

菅が安倍晋三を口説いた日

「オレは安倍なんだよな」

長い沈黙のあと、はにかんだように菅が呟いた。菅は第一次政権をつくったときに「再チャレンジ議連」を立ち上げたのと同じように、派閥横断的に安倍を推す準備を密かに進めていた。しかし、私にはインド外遊中に食べたカレーでお腹を壊し、政権を投げ出したような男に、ふたたび総理が務まるとはどうしても思えなかったのだ。

菅の結論は明快であった。後年明らかになったところでは、菅はこの三ヵ月後の8月15日終戦記念日の夜、新橋の焼鳥屋で密会し、出馬に消極的だった安倍晋三（当時57歳）を口説いた。菅の言葉が効いた。

そのやりとりを安倍の回想録から引用する。

「万が一、勝てなくても、総裁選で全国を回り、安倍晋三に党員の支持があるということを示せれば、必ず次につながる。そもそも自分は、安倍さんが勝てると考えている」（『安倍晋三回顧録』・中央公論新社）

ついに安倍は重い腰をあげた。菅は安倍を担いで、9月26日の自民党総裁選の決選投票において石破茂を破った。党員投票では負けたが、国会議員の投票で逆転、大番狂わせであった。

「政権構想をください」

わたしはテレビ中継で歓喜に沸く自民党本部の安倍の姿を見て、「今回はしくじったな」という思いを強くしていた。月刊「文藝春秋」にとって、新政権の政権構想を掲載するのは当然という意識があった。たかが雑誌編集者の分際で思い上がっている部分もあるに違いないが、これが若い時分から課せられてきた仕事であった。実際、歴代の編集部もあらたに就任した総理大臣、あるいはその有力候補のインタビューをものにしていた。このとき、わたしは月刊誌の編集長を下ろされたばかりで文春新書編集部長の職にあった。民主党政権がつぶれ自民党が政権に復帰する、その政治史においての転換点、要の場面で時の政権構想を掲載できないのはあり得ない。誰に命じられたわけでもなく、しかも担当部署でもないのに動き出した。

自民党総裁となったこの時点で、安倍政権誕生が確実視されていた。

まずは菅に会いに行かなくてはならない。菅との面談のアポが取れたのは10月11日、衆議院第二議員会館の菅の応接室だった。執務室から入ってくる菅を認めるなり開口一番こう言った。

「安倍さんを担ぐのをやめようなどと言ったのは、まったくの不明でした……。これから

(総選挙を経て)第二次安倍政権誕生となるわけですが、ついてはお恥ずかしいのですが、政権構想をいただきたい」

この厚かましい依頼に、菅は声もなく笑っていた。多くを語らず、「じゃあ、総裁特別補佐の加藤(勝信)に会ってくれ」と段取りをつけてくれた。数日後、自民党本部の総裁室に加藤を訪ねた。そのとき、初対面であった加藤は万事心得たとばかり対応してくれた。年内にも実施される予定の総選挙(結局12月16日投票となった)に臨むための政権構想づくりに着手することとなった。

「すごい大学教授がついている」

この時期に菅はわたしにこう洩らしていた。

「実は我々のブレーンには大蔵省出身のすごい大学教授がついているんだ」

安倍の新たなブレーンとはいったい誰なのか。大蔵省出身と聞いて、すぐに旧知の財務省官房長の香川俊介(昭和54年大蔵省入省)に連絡をとった。これまでの経緯を簡単に説明したのち、「安倍さんのブレーンに御社(財務省)出身の大学教授がいると聞いたのですが、心当たりはありませんか」と尋ねると、香川は「うーん、誰かなあ」と唸って黙りこんでしまった。

財務省という役所は、霞が関最大の権限（予算編成権、徴税権）を有し、かつ最強のシンクタンクでもある。さらに永田町に対しても濃密なネットワークで情報収集に怠りなかった。その現場指揮官である香川にも「安倍側近という大学教授」の名前がとっさには思い浮かばない。しかし、さほど時間が掛からず、その新たなブレーンの一人が静岡県立大学教授の本田悦朗だとわかった。安倍が総理の座を退き逼塞《ひっそく》していたこの数年のあいだに、山梨県鳴沢村の別荘でご近所付き合いをしながら経済や金融のレクを受けていたという。香川にとっては大蔵省入省の一期先輩に当たる。大蔵省現役官僚のころの評価はいまひとつの人物であった。その本田が安倍に説いたのが「無制限金融緩和」である。

当時、1990年代のバブル崩壊以降、日本経済はデフレに喘ぎ、「失われた10年」に次いで「失われた20年」というフレーズが使われて久しかった。民主党政権下でさらに沈みゆく日本経済の立て直しこそ、新政権に課せられた最大の使命であることはわかっていた。しかし、この無制限金融緩和政策なるものだけで、果たしてデフレ脱却、日本経済の再生となるのかどうか。まずは安倍ブレーンの考えを聞いてみようと考えた。

総選挙の投票日までに安倍の新たな政権構想を発表するには、「文藝春秋」の2013年1月号（2012年12月10日発売）の締切に間に合わせなくてはならない。それは11月末に迫っていた。あと一ヵ月ほどしかない。加藤を通じて安倍本人の了解を得ることが出来、この枠組みが決まった。あとは月刊誌の編集現場が論文の形を整えてくれるはずだ。加藤総裁特別補佐を中心に構想の骨子が固まっていった。この間、財務省幹部とは連絡を取り合っていたが、実は安倍と財務省の関係は微妙なものであった。

野田政権下での財務官僚たち

民主党政権の3年間、とくに三人目の首相となった野田佳彦政権の官邸では財務官僚の影響力は絶大であった。

民主党政権の生みの親である小沢一郎の構想として、発足当初は「脱・官僚」すなわち役人を排除する政治主導を唱えていた。副大臣ポストを新設し、政治家が政策決定の主軸となるべく、役所に乗り込んだ。譬えていえば、「企業（省庁）を社長（大臣）、専務（副大臣）、取締役（政務官）で運営するから、部長以下の社員（官僚）たちは口を出すな」という体制を構築しようとした。

しかし、この大胆な改革は一年も経たずに破綻する。霞が関は大混乱を生じ、あらゆる局面で政治が行き詰まっていく。社長や役員だけでは、会社は回っていかない。

もちろん、民主党の言う「脱・官僚」の理念がすべて間違っていたわけではないだろう。党にもそれなりに優秀な人材は揃っていたし、それまでの自民党政治と決別するという点からも大いに意味があった。だが、「事業仕分け」に象徴されるように、すべての政策をゼロベースとするなど、余りに拙速に過ぎた。そこに東日本大震災対策の不手際も加わって、菅直人政権以降、民主党は政権のガバナンスを失っていく。

政治家主導は影を潜め、当初の目論見どころか逆に財務省を中心とした「官僚主導」としか言いようのない形になっていく。政策づくりも国会対策も政治スケジュールの肝心なところまでも、役人に頼ることとなった。特に野田政権では、財務省の丹呉泰健（昭和49年入省）―勝栄二郎（昭和50年同）―香川のラインで官邸が動いていた。その様子を、野に在る安倍や菅をはじめ自民党の有力政治家たちは苦々しく眺めていたのである。

この時期、ある自民党の閣僚経験者に財務官僚たちの振る舞いを聞いたところ、「あいつらは、ずっと政権に居るからな」と吐き捨てるように言っていた。官僚は政治家個人に仕えるのではなく国家に仕えるのだから、彼らを責めても仕方ないようにも思える。しかし、野党時代の冷や飯が寛容を許さないようであった。安倍は亡くなった後に出版された回顧録でこう記した。

「日銀の金融政策や財務省の増税路線が間違っていると確信していく」

皮肉なことに、民主党政権が誕生した時と同様、政権奪回を目前にして、財務省は自民党に敵視されることとなった。

――あの安倍晋三が帰ってくる。

霞が関にとっては民主党という暴れ馬がいなくなったが、ほっとする間もなく第一次安倍政権時代の悪夢が蘇る。しかも、「無制限金融緩和」と聞き慣れぬことを言っている。同時期、財務省のみならず日本銀行もパニックに陥っていた。

「新しい国へ」政権構想づくり

急ピッチで政権構想づくりが始まった。「新しい国へ」と題した安倍の新しい政権構想は次のように書き始められる。

「『自民党は変わったのか』『安倍晋三は本当に変わったのか』――総選挙を真近に控えて、有権者の方々からそうした疑問の声をいただくことがございます」

「総理大臣を務めていた頃の自分を振り返ると、今にして思えば、やや気負いすぎていたと思う部分もあります。（中略）挫折も含めて、あのときの経験が私の政治家としての血肉となっていることを実感しています」

安倍は、自身が大きな挫折を経験した政治家だからこそ、日本のためにすべてを捧げる覚悟がある、と続ける。

「東日本大震災から一年半が過ぎても、復興は遅々として進まず、被災地に赴けば、『安倍さん、何とかしてください』という悲痛な声を聴かされました。さらに日本経済は低迷を続け、その足元を見るかのように、近隣諸国は、わが国の領土をめぐり圧力をかけてきています」

民主党政権下での失政を受けて、安倍はいの一番に経済・復興、そして第二に、外交面における課題を指摘する。

「日本にとって、喫緊の課題が経済対策であることは誰の目にも明らかです。現下の経済状況における最大の問題は、一九九七年以来の長引くデフレに他なりません。デフレは労働者の雇用を奪い、社会保障を危機に陥れ、国民生活を疲弊させます」

「デフレ退治」を高々と宣言した瞬間だった。その対策のために何をするべきなのか。

「政府と日本銀行が政策協定を結び、明確なインフレターゲットを設定します。具体的な数字は、専門家との議論の過程で決まっていくわけですが、わが党としては物価目標『二％』を目指すべきと考えています」

この「二％のインフレターゲット」こそ、本田教授をはじめイェール大学の浜田宏一教授たちブレーンが練り上げた安倍の秘策であった。まさしく、後に誰もが知ることになる「異次元金融緩和」を始めようとしていたのである。金融のバルブを目一杯広げることで、ハイパワードマネー（現金通貨と日銀当座預金の合計・要は通貨の総量のこと）を十二分に供給して信用創造を膨らませ、一気に景気回復させようという目論見である。

しかし、実は、当初案では「二％」ではなかったのだ。初めの設定は「三％のインフレターゲット」であった。

民主党政権下での物価上昇の目処が「一％」であったことからみると、「三％」はかなり高めの設定であった。おそらく政権争奪の選挙を目前に控え、その目玉にすべく目標を景気よくぶち上げておこうとする姿勢であったことは想像に難くない。緩《ゆる》やかなインフレを継続的に続けることで経済成長を取り戻すといった主張で、リフレ（再膨張）派といわれる。当時の金融理論においても、リフレ派の旗頭で、ノーベル経済学賞受賞者のポール・クルーグマンが「四％」を掲げるなど、かなり高めの物価上昇設定を示していた。

しかし、草稿段階でこの数字を見たとき、ほんとうにそんなことが可能なのか。わたしはその実現性について財政・金融当局者たちの意見を聞いてみようと考えた。

インフレターゲットは3%だった

「ええっ、3%ですか（絶句）。15年もデフレが続いたなかで、なかなかしんどい（数字だ）なあ」

財務省官房長だった香川俊介は率直な感想を口にした。前に記したようにこの時期、安倍・菅と財務省幹部たちとは距離があった。ただ、民主党政権下で部長以下の社員をないがしろにしたことで霞が関が国として機能しなかったこともあり、安倍らは役人の意見にも耳を傾けるべきは傾けた方がいいとも思っていた。財務省と日銀とは水面下ではいつも情報共有、意見交換を活発に行っている。財務省でその連絡将校の任に当たるのが「総括審議官」というポストである。当時は主税畑のエースである佐藤慎一（昭和55年大蔵省入省）がその職にあった。彼らを通じて日銀内部の意見も探ってもらった。「3%」に肯定的な意見は出なかったという報告があった。金融当局としては「はい、そうですか」と言えるレベルの数字ではなかったわけだ。こうした意見を踏まえてわたしは霞が関と本石町（日銀）の意向を内々で菅に伝えた。月刊誌の締切が迫っている。

「日銀も財務省もみなさん、インフレターゲットを3%にするのは無理と言っているのですが……」

来るべき総選挙の準備に忙殺されている最中であった。当たり前だが、安倍はまだ総理になると決まったわけではない。有権者に訴えるべく、経済政策の根幹であるデフレ退治＝インフレターゲットをどこに設定するか、悩ましい課題であったに違いない。

一度、携帯電話を切ったのち、菅から返信があった。

「2％で行ってくれ」

いつものように菅の答えは前置きもなく短い。水面下で日銀・財務省と自民党本部のあいだで直接のやりとりも進んでいたのだろう。

すでに月刊誌の校了日であり、最終ゲラが手元に回ってきていた。ここで「三％」を「二％」に直す赤字を入れた。この論文で「三％」と具体的な数値が出ているのは一ヵ所だけであった。訂正は簡単だが、訂正箇所を間違えては致命的なミスに繋がりかねない。ゲラを何度も何度もチェックした記憶がある。

この「政権構想」を作成している時点では、「二％のインフレターゲット」がこれからのち長期にわたって続く「アベノミクス」の最も重要な指標となるとは夢にも思っていない。第一次安倍政権から第二次政権誕生までの5年で5人の総理大臣が変わったこともあり、2012年末の時点での安倍の経済政策も、その後数年を見据えてのものと考えていた。しかも、後知恵をお許しいただければ、この「二％」の目標ですら、その後10年にわたって実現できなかったのである。

日銀の子会社化

第二次安倍政権の金融緩和政策の中で、インフレターゲットと並んで特筆すべきは政府と日本銀行のあり方を変えてしまったことだ。「日銀の独立性を脅かす」「財政規律が緩む」という批判に対して、安倍ブレーンの日銀に対する考え方は安倍を通してこう示された。

「世界の中央銀行は政策手段については独立性を担保されていますが、政策目標については、多くの中央銀行は政府と共通の目標を定めています。それが、インフレ目標でありますが、日本の場合は、目標も手段も日銀の独立性に委ねられています。私は日本銀行が、手段に市場において新たな建設国債相当分の公債を買いオペを行って買い取るべきだと、手段に係ることを申し上げました。日本銀行の独立性とは、政府と日本銀行との関係です」

続けて、安倍は当時、野党党首であった自分が日銀の金融政策の手段について主張することは問題ではなく、政府の一員である前原誠司・経済財政政策担当大臣が「日銀は外債購入すべきだ」と述べたことこそ日銀の独立性を害すと主張する。安倍は日銀の独立性について自分は理解が深いことを示しつつ、イェール大学の浜田教授のことばを使って日銀の政策変更を強く求める。

「日銀法改正以来、日本経済が世界諸国のほぼテールエンドの足跡を示していることから、そこでの金融政策が不十分であったことは明らかです。金融拡張が当たり前の処方箋です。野田総理は、金融に訴えるのは世界の非常識と言われますが、金融に訴えないという議論こそ、現在の世界の経済学から見れば非常識です。最近私がマンキュー、ハバード、ノードハウスなど超一流学者とインタビューして確認しました。（白川方明）総裁のおっしゃったように日銀が国債を大規模に買い入れればよいのです」

ややや議論が先走るが、その後の安倍・菅政権の10年後を知る身としては、日銀の独立性が保たれたとは言えないだろう。言い換えれば、日銀法改正で日銀が独立を謳歌していた時代は終わり、政府の子会社化してしまったといえるのではないか。事実、金融緩和に常に慎重な姿勢を示してきた白川方明《まさあき》を半ば強引な形で総裁から引きずり下ろし、金融緩和推進の立場である黒田東彦《はるひこ》（昭和42年大蔵省入省）に変えた。

ある官邸幹部が、こう分析してくれた。

「現在の日銀は、国債の発行残高の実に53％、580兆円（2023年6月末）を保有している。この構図はバブル時代の銀行のように、自分たちの債務を簿外として子会社に引き受けさせた『飛ばし』に他ならない。要は、政府の債務の付け替えであって、日銀がいわば飛ばしのための子会社化してしまったことになる」

第二次安倍政権の7年8ヵ月はその言葉通り、空前の金融緩和を続けた。ゼロ金利は通算で20年以上に及び、また安倍政権下において国債残高は200兆円以上増えた。安倍が主張した「日銀の独立性」は保たれたとは言えず、かつ「財政規律の緩み」はお話にならないレベルに到達してしまった。2022年5月には、「日銀は政府の子会社だ」と誰をあろう安倍自身が発言したことも物議を醸した。後に詳述するが、日銀を政府と一体化してしまったことは、アベノミクスの大きな「負の遺産」に直結するのである。

「無制限金融緩和」の一本勝負

安倍の側近たちと月刊誌編集部との間で、政策のやりとりが続いていた。安倍の最終的なチェックが入る前に項目を整えなくてはならない。だが当初、安倍周辺のブレーンたちによる構想としては、経済政策の目玉は「無制限金融緩和」の一本勝負であった。金融政策の大きなメリットとしては、財政出動あるいは財源の処置なく政策が打てる。こんな手があったのか、と感心したことも事実である。しかし、我々としては、単品の政策では、政権構想として、いかにも弱いと感じていた。

経済政策の要諦としては、金融政策と並んで財政政策（公共事業の財政投資など）が柱となることは常識である。

香川を現場指揮官とする財務省としては、来るべき自民党政権復帰に備えなくてはならない。霞が関には緊張が走っていた。安倍も霞が関も大方針として、日本経済再生が一丁目一番地であることは一致していた。財務省は、民主党政権下の２０１２年６月に決着した自民党・公明党との三党合意、「社会保障と税の一体改革」を進めるためにも、来るべき新政権にコミットしようとしていた。そうでなければ、消費税率も上げられないからだ。

「財政政策で何かできませんか」

私は香川に直接会って財務省の意向を聞いてみた。

香川とは、彼が主計局総務課長時代からの長い付き合いがある。余談だが、野田政権下で消費税率をめぐる攻防戦の最中、自民党対策を担っていた香川が相談に来たことがあった。財務省が目指す「社会保障と税の一体改革」に、とにかく自民党が乗ってこないという。その説明を聞いて、わたしはちょっとキツイ評価を香川に話した。

「このまま何もしないなら、野田政権は0点ですよ」

「ええッ、0点かあ」

「公明党の動きはどうなっているのですか。民主と自民で揉めたら、膠《にかわ》になるのは公明党でしょう」

かつて自民党が自由党と連携する際に、公明党というカードを使って自自公連立をなし遂げた例を示し、民主党と自民党に加えて「公明党カード」があるのではないかと提案してみた。

香川は一瞬、躊躇したがすぐさま三党の合意を得るべく奔走する。彼は瞬く間に三党合意にこぎつけた。彼らの凄まじい政治力を目の当たりにしたことを憶えている。

「財政で一回は噴かせる」

その香川が、安倍の政権復帰を目前にしたこの政局でも、頭をフル回転させていた。香川が財務省の意向を回答してきた。

「財政で一回は噴かせることができます」

この「一回は」というところがミソなのだが、要は財政を使った公共投資を来るべき新政権に提示してきた。東日本大震災からの復興を掲げる安倍ビジョンにとっても、願ってもない提案であった。

「デフレから脱却するためには、金融政策と同時に財政政策も必要と考えています。国民の命や子供たちの安全を守るための投資、地域が生産性を高め、競争力を得るための未来への投資を行うべきだと考えます」(「新しい国へ」より)

のちに「機動的な公共投資」と名付けられる二本目の柱となった。積極的な財政出動を東北復興に絡めながら、「国土強靱化」という枠組みが出来上がっていく。

金融政策、財政政策とともに、産業政策というのも経済政策の王道である。そもそも政権構想の基本はこの三つの政策を組み合わせ、そのどれかを柱に据えていくのがオーソドックスなアプローチである。「産業政策」は安倍ブレーンの解釈を加えて「成長戦略」のかたちで展開することとなった。

「ではどうやって経済成長を達成するのか。(中略)私は今後の経済成長のカギとなるのは、イノベーションだと思います。日本が誇る人材力と技術力と文化力を結集し、国家と人類が抱える『新しい課題』にブレイクスルーをもたらすような新しい技術やアイデア、創造的な取り組みが必要になってくる」(同)

「アベノミクス」の三本の矢、すなわち「大胆な金融政策」「機動的な財政政策」「民間投資を喚起する成長戦略」が出揃った。

そもそも「アベノミクス」は誰が言い出しっぺなのかといえば、安倍自身でも安倍ブレーンでもなかった。2006年、第一次安倍政権発足の時に国会の代表質問で、当時の幹事長・中川秀直が使ったのが最初だという。しかもその中身は、小泉純一郎内閣の「構造改革」を踏襲したもので、公共投資の縮小や規制緩和による成長戦略を中核とするものであった。第一次政権では流行らなかったフレーズが復活しただけなのだが、これが当たった。

このネーミングが絶妙だったことは間違いない。2013年9月に、安倍首相がウォール街のニューヨーク証券取引所で「Buy my Abenomics!（アベノミクスは『買い』だ！）」と演説するなど、この言葉は「デフレ脱却」を目指す経済政策として経済史に名を残すことになる。

安倍晋三が評価する政治家

わたしは、かつて安倍とも、親しいというわけでは決してないが政策について議論するような間柄であった。小泉政権の時代、次世代のホープとして脚光を浴び続けていた安倍に接近し、来るべき安倍第一次政権の政権構想でも一枚嚙みたいという想いがあった。実際、安倍の文藝春秋好きもあって政策議論をする関係にはなっていた。

言うまでもなく、安倍は育ちがいい。祖父は岸信介（元首相）、父は安倍晋太郎（元自民党幹事長・外相）と、政界サラブレッドのど真ん中の人物だ。たとえば、夕食を共にすると、安倍は決まってステーキと赤ワインだった。しかも、ステーキを端から食べるのではなく真ん中の肉片から手を付ける。腹具合にも寄るのだろうし持病（潰瘍性大腸炎）もあって、残すことが多かった。話題は好んで憲法、外交と派閥の話であった。

第一次安倍政権が誕生するのがほぼ決まりかけた頃（2006年8月）、会合で、「安倍さんは政界ではどんな方を評価されていますか」と問うたことがある。新政権の人事で、閣僚を誰にするのか、聞くだけヤボというものだが、個々の政治家の評価を聞くのはハードルが低い。

最初に名前が挙がったのが塩崎恭久だった。まったく意外に思い、「えっ、塩崎さんですか。あまり永田町では評判がよくないですよね」と畳みかけると、「いや、塩ちゃんは私とはいいんですよ。三つ年上だけど、いつも経済のレクをしてくれたり……。私は別格の扱いなんです」と臆面もなく答えた。つづけて安倍は石原伸晃、根本匠といった名前を挙げた。正直、「ひとを見る目があるのだろうか」と思った記憶がある。皆、人柄はいいが永田町での働きぶりについてはクエスチョンのつく面々だった。のちに第一次安倍政権は「お友達内閣」と揶揄され猛烈な批判を浴びることになる。

このエピソードが物語ることは、生まれながらの政治サラブレッドであり、小学校から成蹊一筋のお坊ちゃん育ちの安倍は、経済感覚が乏しいということだ。おそらく政治家となり、官房長官になる頃から、自分でお金を払って買い物したことなどもあまりないのではないか。

政治家・安倍の本質は経済には興味が薄く、もっぱら外交、憲法のひとであった。その証左として、第一次政権でも安倍の経済政策は小泉政権のそれを継承することが専らであったし、「アベノミクス」にしてもその成立過程をみていくと、ブレーン頼みであり経済政策を心底考え抜いて出てきたものとは言えないように思う。しかし、さすがに安倍には抜群の記憶力と咀嚼力があり、ブレーンの提案をかなりの部分、自分のものにできる能力を持っている。同時に、「異次元金融緩和」と聞いて、これを来るべき第二次政権の目玉とする勘の良さがあった。これこそが安倍の政治的リテラシーだと思う。

「瑞穂の国の資本主義」

政権構想「新しい国へ」の中で、「瑞穂の国の資本主義」という言葉を使っている。

「日本という国は古来から、朝早く起きて、汗を流して田畑を耕し、水を分かちあいなが

ら、秋になれば天皇家を中心に五穀豊穣を祈ってきた『瑞穂の国』であります。（中略）

私は瑞穂の国には、瑞穂の国にふさわしい資本主義があるのだろうと思っています。自由な競争と開かれた経済を重視しつつ、しかし、ウォール街から世間を席巻した、強欲を原動力とするような資本主義ではなく、道義を重んじ、真の豊かさを知る、瑞穂の国には瑞穂の国にふさわしい市場主義の形があります」

安倍は市場主義の中でも「ふるさと長門の棚田」を愛し、この田園風景あってこその麗しい日本だという。「伝統、文化、地域が重んじられる、瑞穂の国にふさわしい経済のあり方を考えていきたい」と記す。7年以上にわたって続いた「アベノミスク」だが、「瑞穂の国の資本主義」の方が安倍の本音ではなかったろうか。そして、この「瑞穂の国の資本主義」なるコンセプトは、岸田文雄政権の「新しい資本主義」と通ずるものを感じてしまうのだ。

安倍政権の外交姿勢

第二次政権のもうひとつの課題設定である外交面を見ていこう。安倍は「民主党政権の三年間は、まさに『外交敗北』の三年間でした」と断じる。民主党政権下では、日本の隣国であるロシア首脳が北方領土を訪れ、韓国大統領が竹島（島根県）に上陸、さらに中国は尖閣諸島周辺を領海侵犯するという事態が起きた。「新しい国へ」にはこう書かれている。

「なぜこうしたことが起きたのか。一言でいえば、民主党政権が日米関係の信頼を棄損したからに他なりません」

たしかに鳩山由紀夫政権は発足直後から、アジア外交を重視する一方で米国とは距離を置き、日米同盟を軽くみる姿勢を打ち出した。米国は鳩山政権と距離を置いたため、そこを中国につけ込まれ尖閣諸島周辺に領海侵犯を繰り返されることとなった。この外交姿勢に安倍は猛然と嚙みつく。

「（尖閣問題に）外交交渉の余地などありません。尖閣海域で求められているのは、交渉ではなく、誤解を恐れずにいえば物理的な力です。日本の実効支配は、十二海里の日本の領海に海上保安庁の巡視船を二十四時間配置し、領海侵犯する中国船を即刻立ち去らせることで、成立しています」

安倍のタンカは歯切れがいい。中国への強硬姿勢を厭わない。要は民主党政権でメチャクチャになった外交を建て直すという。そのための大方針として中国とは「戦略的互恵関係」を築くことを掲げた。

同時に、ここが安倍外交の核心となるのだが、集団的自衛権の解釈を変更するべきだと言い切る。日米安保の欠陥は、日本の施政下にある地域が攻撃を受け日米で共同対処する際に米国の兵士は日本のために命を懸けることになるが、仮に尖閣海域の日本の領海上で米軍の艦船が攻撃を受けても自衛隊はこれを救出できないことになる。日米安保の片務性を安倍は徹底的に批判している。こうした事態に何も変えようとしない民主党野田政権に怒りを発していた。安倍は憲法改正への決意を改めて示す。

「自民党が政権公約において、第九条第一項の国権の発動としての戦争を放棄し、武力による威嚇又は武力の行使は国際紛争を解決する手段としては用いないことを大前提とした上で、憲法改正によって自衛隊を『国防軍』と位置付けるとしたのも、こうした不毛な論争に決着をつけて、歴史の針を進めるために他なりません。

自分の国を守るために戦わない国民のために、替わりに戦ってくれる国は世界中どこにもありません。

集団的自衛権の行使とは、米国に従属することではなく、対等となることです。それにより、日米同盟をより強固なものとし、結果として抑止力が強化され、自衛隊も米軍も一発の弾も撃つ必要はなくなる。これが日本の安全保障の根幹を為すことは、言うまでもありません」

「経済のひと」ではなく「外交のひと」

2012年末の段階で、既に安倍は自身の安全保障観を明確にしていた。いまの憲法、日米安保のあり方では日本は守れないから、憲法改正を目指した。実は、第一次政権発足直前、私は安倍と会った際に、憲法改正への取組みを問うたことがある。その際も、憲法改正は「必ずやる」という強い決意を示していた。ただ、私は安倍の性急さが不安になり、「ご飯を炊くときと一緒で、(憲法改正も)初めちょろちょろ中ぱっぱといった段取りが必要ではないですか」と進言したことを覚えている。結果は、憲法改正が緒につくどころか、その相当手前で政権を投げ出すことになってしまった。その安倍は再び、自らの政権の真ん中に憲法改正を据えてきた。

私の見るところ、安倍は「経済のひと」ではなく、「外交のひと」である。外交・安全保障のエキスパートである。祖父・岸信介も安保改定、自主憲法制定の権化であり、父・安倍晋太郎も外相を長く務めた。安倍は晋太郎外相の秘書官でもあった。こと外交・安全保障に関しては役人のペーパーがなくとも、国会答弁ができる。その知識、戦略は血肉化していた。トランプ大統領が出会った当初から周囲が驚くほど信頼を寄せたのも、この資質による。安倍は徹底的に「外交のひと」なのである。

しかし、その「外交のひと」であっても、安倍が憲法第九条の改正はなし遂げることができなかったのを、我々は知っている。そして戦後最長の内閣を率いることになる安倍自身も憲法改正が容易でないことを熟知していた。

そこで、安倍は方針を転換する。2015年に平和安全法制整備法（いわゆる安保法）を改正することで集団的自衛権を認めさせ、実質的に憲法改正に近い内容を勝ち取ることを優先したと思う。数ヵ月の議論、野党との攻防を経て、9月19日未明に参議院本会議で可決された。たまたま18日の夜、わたしは官房長官であった菅と会食していたが、まさに採決の最中の「歴史的な一日」であった。

菅には「これで憲法改正しなくとも実質的な改憲ですね」と尋ねてみたが、菅は黙っていた。政権構想「新しい国へ」で示したとおり、自衛隊が集団的自衛権を行使できる体制に変えたのである。

「アベノミクス」から第二ステージへの模索

第二次安倍政権の発足から1年もすると、アベノミクスの考え方は国民にも行き渡った。「デフレ脱却」という旗印で、民主党政権時代は日経平均株価が8000円台だったものが二倍以上になっていた。たしかに経済のいくつもの指標は上向いてきた。しかしながら、アベノミクスによってすぐにデフレが克服できたのかといえば、必ずしもそうとは言えない状況が続いていた。

そうした状況下、わたしは編集者の立場で、あらたに金融通である財界人を軸にして、官邸スタッフ、メガバンク幹部、主要官庁の幹部官僚たちと議論を重ねた。その場で「アベノミクス三本の矢」に変わる経済政策を模索していた。2014年の半ばごろから、そうした仲間たちとごく私的な政策研究会を続けていた。

意外なことに総理大臣官邸は、情報の面から孤立しているのである。官邸幹部はルーティンだけで日程が潰れていく。驚異的な忙しさのために、ある種「閉ざされた言語空間」のなかに存在すると言っていい。客観的な評価も届きにくいのが実情だ。そうしたところに、せっせと外部の知恵や政策のアイデアを持ち込んでいた。

わたしたち研究会の論点は、アベノミクスを2年続けてみたが、このままではデフレを克服して、さらに経済を成長させる軌道に乗せるのは難しいのではないか。特に、「ゼロ金利政策」を主体とする、異次元金融緩和の将来に漠然とした不安を感じていた。そうした疑問が湧くと同時に、アベノミクスも第二段階、「第二章」とする段階に進むべきだとの結論に至った。

その結論は明確であった。第一に、日本はデフレ化しているのは確かではあるが、日本経済を現状分析していくと、単なる「デフレ」という枠に収めるのではなく、診断としては「先進国病」こそ相応しいのではないかとの見方が出て来た。

「先進国病」とは何か

この「先進国病」とは何か。

ひとつには出生率が低下して少子化が進み、国全体の高齢化による人口問題を抱えていること。第二に、少子高齢化に伴って社会保障費が膨らみ、その費用が恒常的に肥大化してしまっていること、第三には国家の経済が一定の成長を経てより成熟した段階へと移行し、国内産業の海外移転など産業構造の空洞化が進んでしまうこと。その結果として、GDP成長率が数%程度の低成長（成長鈍化）に苦しむことになってしまう。

残念なことに、日本は、この「先進国病」にいち早く罹患してしまっていた。1990年代のバブル崩壊、その後に続いた「失われた20年」の景気悪循環によって、日本は完全な「先進国病」患者になった。

ならば、そこを逆手にとって、この「先進国病」を世界に先駆けて克服するモデルを構築する――これこそが世界に冠たる「日本モデル」となるのではないか。

社会保障費の膨張や少子化、産業の空洞化を解決して低成長を脱するには、莫大なカネが必要だ。そう、足元を見つめれば、日本には巨大な資金があるではないか。1500兆円（2023年末時点では2141兆円超）ともいわれたカネが家計に眠っている。この巨額マネーを循環させ、日本経済の必要とされるところに分配、供給することができれば、「先進国病」を治す道が開けていくのではないか。

そのためには、この1500兆円を超える資金を家計セクションから吸い上げ、そのカネを投資に回して循環させ、分配するシステムを構築することが肝要である。そのシステムは、言葉がうまくこなれなかったのではあるが、「平成の財政投融資」のようなシステムをイメージしていた。

まず財務省幹部からは、年金基金をもっとダイナミックに運用するGPIF（年金積立金管理運用独立行政法人）の拡大構想がアイデアとして出されていた。こうした年金基金を動かすことをきっかけにして、家計セクションから投資へと資金を循環させる仕組みをつくることが経済再生のキモになると考えていた。

我々はこの構想を、先進国病を超克していく日本モデルとして「ジャパノミクス」と名付けた。もちろん、アベノミクスの三本の矢――異次元金融緩和、機動的な公共投資、イノベーションによる産業再生——といった政策と矛盾するものではない。同時並行的に進めることが可能な施策であると考えた。

「アベノミクス」第二章は、「ジャパノミクス」でブーストする——この策を安倍官邸に進言しようと考えた。

「ジャパノミクス」のゆくえ

2014年が明けたばかりの1月8日。朝8時から永田町のキャピトル東急ホテル「ORIGAMI」の個室でミーティングを開いた。加藤勝信官房副長官、参議院の世耕弘成官房副長官、それに財務省出身で経済政策を担当する古谷一之内閣官房副長官補（昭和53年大蔵省入省・元国税庁長官）に、この「ジャパノミクス」の大枠を示した。さすが政策通の集まりとあって話が早かった。家計・預金から投資への流れを作ることは非常に良いことだが、どうやって資金を循環させていくのか。その組織・システムをどう構築していくのか。さらに重要なのは、誰がこの資金を運用して投資を実現していくのか——といった鋭い指摘を受けた。しかし、いわゆる官邸官僚の中で経済政策を担当する面々から大きな異論は出なかった。政策のブラッシュアップを急がなくてはならない。

この点、財務省からも知恵を借りた。政策通で知られる浅川雅嗣総括審議官（昭和56年大蔵省入省）、可部哲生総合政策課長（昭和60年大蔵省入省）からも意見を聞いた。GPIF構想について聞いたのは、この時が初めてだった。このGPIFを呼び水として、資金をぐるぐる回すことが出来れば、「先進国病」を手当てするだけの資金を供給していけるという算段が立ってきた。

もちろん、官房副長官にお願いしている前段として、菅官房長官には政策づくりを進めるに当たって大枠の説明を行っていた（承認ということではないが）。

さらに同時並行的に、霞が関官僚の有志とメガバンクの財政通の方々と定期的な勉強会を開いて、政策づくりを進めていった。こうしたプランの通例として、パワーポイントに落とし込んだ形でのプレゼン資料も用意した。さらに財務省の香川主計局長にもアドバイスをもらっていた。

この時点で、我々は安倍官邸の了解を得て進めているとの認識だったが、そんなときに、官邸サイドから今井尚哉《たかや》総理大臣秘書官にこのプランの説明をしてほしいとの要請があった。

2月13日、今井秘書官と官邸会議室で会った。このとき迂闊《うかつ》にも気がついていなかったのだが、官邸における内政のキーマン、官邸の勢力地図に変化が生じていた。安倍政権発足前から初期は、官邸は菅官房長官、そして麻生太郎副総理兼財務大臣、両雄が並び立っていた。アベノミクスの当初の展開も、このラインで問題なく進んでいた。しかし、今井が政務秘書官（官庁出身の事務秘書官とは別の筆頭秘書官）として官邸入りし、安倍からの信任の厚みが増していた。江戸時代の幕閣に譬えれば、これまでは老中と話をすればよかったのが、御側御用取次を通さなくてはならなくなっていた。噂には聞いていたが、今井の物言いはのっけから喧嘩腰であった。

「ジャパノミクスというが、アベノミクスはうまくいっている。アベノミクスでいけるところまでいきたい」

民間のペンペン草（平民）の身としては、老中や若年寄はもちろん、勘定奉行まで順を追って案件を上げてきたつもりであったが、お側衆のところで跳ねられたと感じた。権力とは恐ろしいものである。いかに経産省のエリート官僚であり、財界大物の甥という毛並みの良さを誇っていても、「政務の総理秘書官」がこんなに力があるとは思わなかった。率直にいえば、官房長官と対等のように見えた。これは「政治権力がポストではなく総理との距離で決まる」という官邸のなせる業だった。のちに「官邸官僚」として恐れられる今井の洗礼を受けた。

「ジャパノミクス」は店晒《たなざら》しとなった。

総理官邸でのインタビューにこぎつける

しかし、この「ジャパノミクス」構想は復活する。その年のゴールデンウイーク明けに今井のOKが出て、安倍総理へのインタビューが実現する運びとなった。わたしは、「文藝春秋」と「週刊文春」を統括する第一編集局長になっていた。仮に総理の考えとして発表するならば、さらに精緻な形でのシステム設計をしなくてはならない。アベノミクスに代わるようなかたちに進化しなければ、政策提言する意味はない。

夏の日差しが厳しくなった7月17日木曜日。官邸に安倍を訪ねた。初めて訪れる官邸5階の総理会議室。インタビュアであるわたしの右側には、今井以下、総理秘書官が勢揃いしていた。事前の打ち合わせ通り、インタビューが進んでいく。しかし、安倍はインタビュアであるわたしの肩ごしに、今井の顔色を気にしているように見えた。考えすぎかもしれないが、今井の方にしきりに視線を向けて〈この発言で問題ないかな〉といった自信の無さを覗かせていた。やはり「経済のひと」ではなかったのか。わたしは二年前の総理就任直前の安倍の姿を思い出していた。

「貯蓄から投資へ」もう一つの柱をつくる

この日のインタビューでは、「この国の経済の舵取りを飛行機の操縦に譬えると、総理はコックピットに2年ほど座られて、この国全体、機体を把握しコントロールしているといった実感はありませんか」

正確な文言は忘れたが、そうした趣旨の質問にも、安倍は率直に答えてくれた。この国の経済を上昇気運に乗せることが重要だと感じている以上、アベノミクス=異次元金融緩和だけでなく、もう一つ別の柱をつくるべきではないか。貯蓄から投資へ、「先進国病」を世界に先駆けて克服するべきではないか。安倍が掲げた「日本を取り戻す」というキャッチにも沿っていると考えていた。インタビューを終え、我々が提案した政策は「概ね、理解いただけたのではないか」という感触を得ていた。

意気揚々として持ち帰り、月刊「文藝春秋」の記事を整え始めた。

「ジャパノミクス構想」の命運

「安倍晋三　アベノミクス第二章起動宣言」と題する論文がまとまった。草稿段階では、

「ジャパノミクス」「貯蓄から投資へ」が大きな枠組みのひとつとして入っていたのだが、安倍の外遊先の中南米、たしかメキシコだったと思うが、今井からわたしの携帯に電話が入った。今井の要望の趣旨は、すぐにアベノミクスという文言を下ろす必要はない、経済をコントロールしているような発言でマーケットと対峙するようなことはすべきではないとのことだった。「貯蓄から投資へ」の提言は残ったが、具体策としては大幅に後退した。

「企業レベルでいえば内部留保、個人レベルでは預金、あるいはタンスに眠らせているという人がずいぶん出てくるわけです。この状態ではお金は循環しませんから、経済も一向に活性化しない。この停滞を打破するためには、まずデフレ経済から脱却し、資産を貯め込むよりも投資したほうが得であるという状況に導く必要がありました。そのための緩和だったのです」（「文藝春秋」２０１４年９月号）

「アベノミクスは単なる景気対策に留まるものではありません。デフレからの脱却が確実に視野に入ってきた今こそ、少子高齢化といった構造的な課題にも真正面から向き合い、十年、二十年先を見据えながら、日本の社会の有り様、あらゆる制度や慣習を作り替えていく。アベノミクスは、いよいよ第二章へと移るときです」（同）

残念ながら、我々の「ジャパノミクス」構想は採用されず、具体策のないままコンセプトがわずかに残った程度となった。記事が掲載されたあとも、当然ながら大手メディアの反応は鈍かった。安倍官邸内における今井の力をまざまざと思い知らされた。

その後、構造的な課題に取り組むという姿勢は「一億総活躍」といったキャッチで具体策となっていく。

2014年10月からは、黒田日銀は異次元金融緩和のギアをさらにチューンナップして国債の買い取りの枠を拡大する。マネタリー・ベースを10兆円から20兆円に拡大して、80兆円ものさらなる異次元金融緩和を実施していくことになる。

「アベノミクス」の総括

安倍政権、菅政権と続いたアベノミクスの評価は、岸田政権になっても定まっていない。しかし、日本経済はすでに物価上昇率3％を超えるインフレ状況が出来している。今こそ、アベノミクスをきちんと総括しておくべきではないだろうか。

2001年にゼロ金利政策を一時的に解除したときにインタビューした日銀総裁、速水優の言葉が忘れられない。

「中央銀行は『銀行券の発行』『通貨・金融の調節』『資金決済の円滑化』『信用秩序の維持』の四つの役割を担っているわけですが、要するにすべて国民生活のためなんですね」

（「文藝春秋」2001年1月号）

日銀の役割について端的に指摘した上で、世界で初めて採用した「ゼロ金利政策」について言及していく。

「ゼロ金利政策については、副作用も指摘されました。民間主導で中長期的に構造改革をしていかなければ、日本経済は海外に対抗していけないわけですから、構造改革をやっていくためにも、金融サイドからも必要な環境づくりをしていかなければならないと考えます。優良なところには貸していくけれど、悪いところには貸せないというのは、ごく当たり前な原則で、そういう是々非々を金融機関がとれるような態勢にしていくことが、中長期的にはいいんだろうと思います」

そしてこう断言していた。

「私は『ゼロ金利』は前例のない極端な政策だったと思うのです」

そして「ゼロ金利解除」が健全な姿であると思いますか、との問いにこう答えた。

「リスクをカバーするために金利があるわけですからね」

生え抜きの日銀マンで、日商岩井の経営を担ったこともある総裁の言葉だけにその意味は重い。インタビュー後の雑談では、「ゼロ金利」は本来やってはいけない政策である旨を語っていた。

「ゼロ金利を長く続けすぎた」

アベノミクスはさまざまな視点から検証しなければならないとは承知している。そのなかで素人なりに考えてきた最大の問題点は、「ゼロ金利を長く続けすぎた」ことではないだろうか。日経新聞の編集幹部が「いまのウチのデスク連中ですら、金利のある世界を知らないですから。日銀が金利を上げると言ってもピンと来ないんだから、話にならない」と嘆いていた。いまは40代後半で幹部になっている記者が、入社したころから金利はなかったのだ。

「ゼロ金利政策」は、1999年2月、バブル崩壊・金融危機を受けて速水総裁時代に始まった。前述したように2000年、ITバブル景気に乗って一時解除されたが、翌年、ITバブルが崩壊すると復活。2006年に解除されるが、リーマンショックを機に再びゼロ金利に戻った。以降、アベノミクス導入後もゼロ金利からマイナス金利に強化される形（2016年2月から）で継続してきた。「ゼロ金利」は、この25年、数年の合間を除いて継続してきたことになる（2024年3月にマイナス金利が解除されたことは後述）。

その四半世紀、我々は銀行預金をしても金利はほとんど付かないし、住宅や自動車ローンをはじめ借金をしても金利負担が少ない、歴史上きわめて稀な世界を生きてきた。それに慣れてしまった大多数の国民にとって、「金利のある世界」に戻ったときのリアルは恐ろしい。この間の住宅ローン金利は2％強以下がほとんどだったが、ちょっと金利が上がれば、借りる総額が巨額なだけに負担が大きくなる。

国家にとっても重い課題である。金利が上がれば国債費が増大する。財務省の試算では、金利が1％上昇すると、国債費は初めの一年で0・8兆円、3年目で3・2兆円の負担増になるという。消費税の1％分以上が吹き飛ぶ計算になる。

「ゼロ金利」という「極端な政策」を取り続け、ぬるま湯に浸かりすぎた結果、我々は「構造改革」といった険しい道を避けて歩いてきてしまったのである。そして、いまだに異常な政策を「異次元」という言葉に変換して「金利のない世界」に生きている。その先に崖があるのがわかっているというのに。

財政赤字にマヒしてしまう

アベノミクスの問題点として、財政についても指摘しておかなければならない。

前に指摘したように、第二次安倍政権ができてから、7年8ヵ月のあいだに発行された国債発行残高は200兆円も増えている。2020年から2023年にかけての新型コロナウイルス対策として国債発行額が飛躍的に増えたのはやむを得ない側面もあるが、日銀を子会社化し、事実上の国債引受に等しいことをやり続けた結果、国債発行へのうしろめたさも軽くなってしまった。財政赤字に対して、国民も経済専門家もマヒしてしまったかのようである。

仮に、神のような視点で2000年代の日本の経済政策を採点ができるとすれば、どう評価できるのか。この二十数年、なけなしの財政を使って投資を促進し、イノベーションを起こしつつ民間の活力を引き出し、世界に冠たる新たな成長産業をつくりあげることができたなら、この数百兆円単位の借金も許されるところがあったであろう。しかしながら、アベノミクス期間（2013年から2020年）に限っても、日本の名目GDP（カッコ内はドルベースの名目GDP）は、508・7兆円（5・2兆ドル）から539・8兆円（5・1兆ドル）にしか増えず、ひとり当たりGDP（USドル）も世界27位から世界24位と低迷している。一人当たり労働生産性からみても2022年の統計（ILO）で、世界で45位と生産性の落ち込みも相当に激しい。2024年には、GDPの指標でドイツに抜かれ、世界第四位に転落したことも記憶に新しい。残念ながら新たな産業、日本の食い扶持を育てることが達成できなかった。

この壮大なる失敗

金融は経済の血液であって、お金をぐるぐる回転させることで新陳代謝を行う。役割を終えた産業分野は退場し、新たな細胞がからだ全体を活性化していく。そのために銀行があり株式市場、債券市場があるはずだ。しかし、バブル崩壊以降、永きにわたって民間は元気を取り戻すことができないでいる。そこで、国が国民に代わって多額の借金をして巨額の国家予算を作り、需要をつくって経済を下支えしつつ新たな産業を生み育てようとしてきたわけだ。何よりお金を循環させることが重要と考え、国家が人工的に実行してきた施策であったはずだ。しかし、それも少なくとも20年以上、うまくいっていないことが誰の目にも明らかになったのではないか。

しかも少子高齢化を止めるどころか減速することすら叶わなかった。この20年で、出生率は1・43から1・33になり、1年で赤ちゃんは約84万人（2020年出生数）しか生まれてこない。約35万人も減ってしまった。3年でさらに8万人ほども減少し、出生数は75万8631人（2023年）となった。国力が衰えるのも当然だ。

この壮大なる失敗を率直に認めなければならないのではないか。財政に大穴を空けながら民間からおカネを吸い上げ様々な投資促進をしたにもかかわらず、新たな産業を興すことができなかった。そのうえ、人口も減ってしまった。それは、この仕組みそのものが構造的に無理だったのか。あるいは個々の経済・産業政策の方法論が間違ったのか。そこをいま一度徹底的に検証する必要があると考える。

アベノミクスは修正しなければならない。

金利を上げることで、果たして金融正常化ができるのか。その大命題が問われている。

「マイナス金利政策」解除

2024年3月19日、金融政策決定会合において、日本銀行は「マイナス金利政策」解除を決定した。黒田東彦から引き継いだ植田和男新総裁（元東大教授）による、16年から続いていたマイナス金利をやめるという歴史的な決断である。なおかつ、日銀による金融政策の大転換となった。4月に実施するという観測は年明け早々から流れていたが、一ヵ月早く日銀が動いた。この動きを政府関係者が解説してくれた。

「マイナス金利を止める。かつ日銀の当座預金の三層構造も改め、従来型の二層の当座預金の形に戻すことになった。これによって、日銀から金融機関への付利は2500億円の増加と見られています。同時にYYC（イールドカーブ・コントロール＝長短金利操作）も廃止した。さらに、これまで株式市場を支えてきたETFやリートなどの買い入れもやめてしまった。植田日銀が3点セットでこの決定をしたことには正直驚いたし、実に慎重にことを運んでいる植田日銀の心意気を感じました」

日銀内部でも、「植田さんが総裁に就任して以来、一年足らずでここまでこぎ着けられて本当によかった」と安堵の声が広がったという。

しかし、マーケットは甘くはなかった。

猛烈な勢いで円安が進行したからだ。投機筋の動きも加わって一時は1ドル160円台という急激な円売りドル買いの事態となった。「マイナス金利政策」解除は、金融緩和から引き締めへの一里塚ではなかったか。わたしが信頼するエコノミストの分析を聞いた。

「この円安の勢いはびっくりでしたね。既に指摘されてきた通り、異次元金融緩和の『出口』こそ、問題だったからです。二十数年ぶりに、金融緩和から引き締めへと舵を切ったからには、これからいよいよ日本の金融界で金利が復活し、日米金利差も縮小の方向に進むと見られ、本来ならば、当局は円高に向かうことを期待していたはずです。ところが、マーケットや投機筋は逆に動いた。日銀の金融政策の転換が容易ではないことを見透かされたわけです」

そうそう金利は上げられない

本稿は、２０２４年2月に書き上げていた。その時点で、マーケットの最大の関心事はいつ「マイナス金利解除」すなわち「異次元金融緩和政策からの転換」が行われるのかにあった。第二次安倍政権以来の宿願であるインフレターゲットを達成し、物価高から賃上げ、需要拡大そして物価高から賃上げといった景気の好循環に繋げられるかが焦点だった。しかしながら、異次元金融緩和を続けすぎた結果、日本銀行のバランスシートが傷んでしまっていたため（左の図を参照）に、機動的な金利政策が取ることができないと、わたしは脱稿時点で考えていた。その不安が的中してしまった。

後に詳述するが、金利を１％上げると日銀の当座預金に対する利息負担は5兆円にもなる。同時に、巨額の借金がある日本政府も国債の利払費が増える。すなわち、政策金利を上げることは日銀のバランスシートにも、政府の財政にも多大な影響を与えることになる負の連鎖の構図となってしまった。共に異次元金融緩和の副作用である。

結論からいえば、日銀による、米国ＦＲＢのようにインフレに連動する形で金利を機動的に上げ下げしていくといったオーソドックスな金融政策の選択肢が取りにくくなってしまったのである。

日銀のバランスシート大まかな見取図

（2023年12月末）

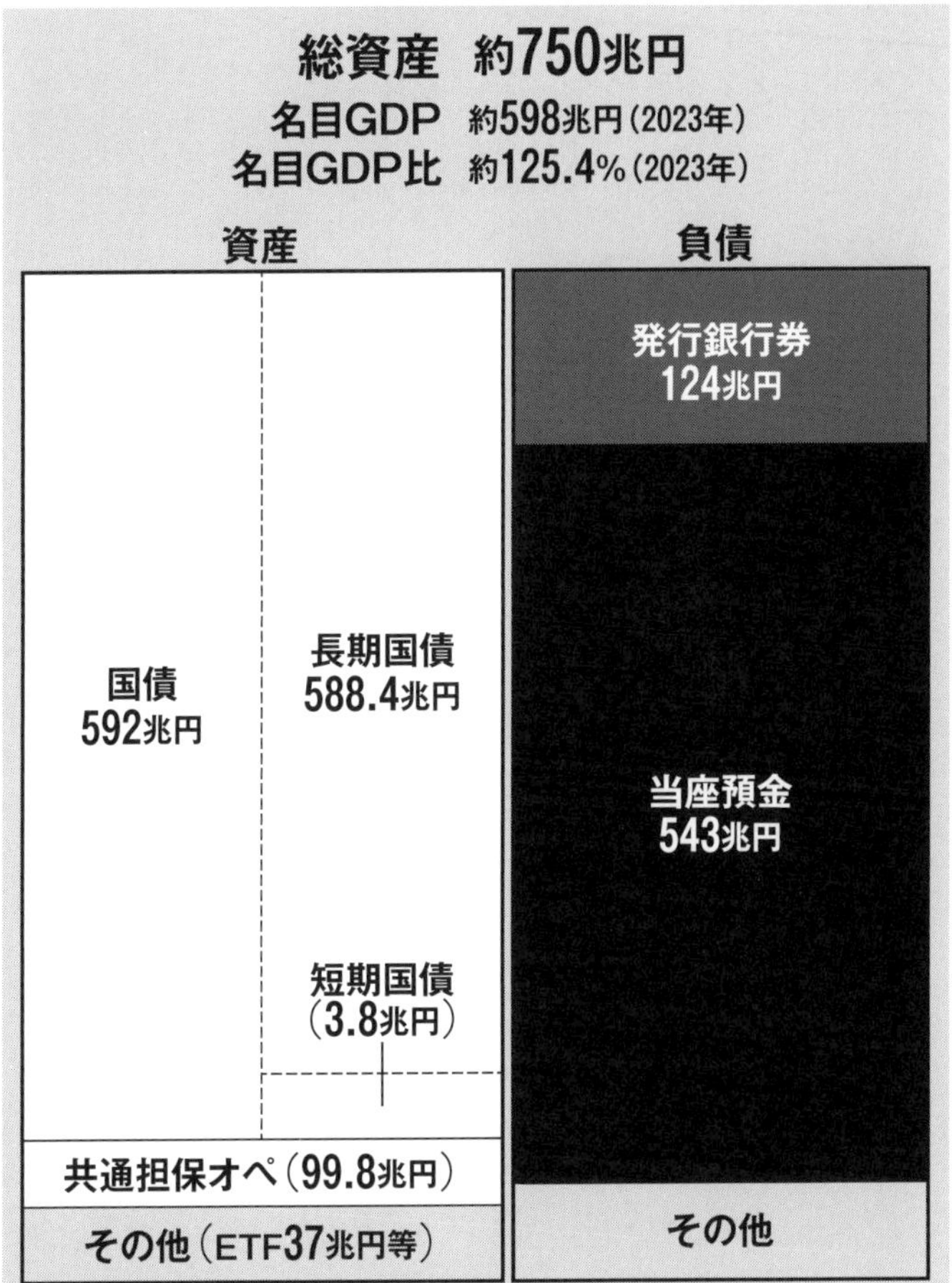

河村小百合『日本銀行　我が国に迫る危機』（講談社現代新書）
図表を参考に作成

その状況下で植田日銀は、アベノミクスのせいで壊れかけた金融調整の仕組みをなんとか維持すべく懸命の努力を重ねていることは評価できる。今回の政策転換も事前にメディアにリークして、情報を浸透させてから解除するなど、マーケットへの配慮を重ねている。しかし、そもそもこの一本道を両脇の崖に堕ちないようにコントロールしていくのは至難の技なのである。

ざっくり言えば、舵を切ったとはいえ、肝心要の国債買いオペはまだ月6兆円規模で実施（2024年6月20日現在）しており、植田総裁は金融緩和は今後も続けると明言していた。そうせざるを得ない事情は痛いほどわかる。いまの日本をとりまく金融状況についてお復習《さら》いしておきたい。

第一に、「金利が付いた」と言っても、無担保コール翌日物（金融機関同士で一日で行う取引）が0・1％に届かないのである。ゼロ金利と大差がないというと語弊があるかもしれないが、日米の金利差を考えると、10年物米国債の金利が4・4％を超えている以上、その差が縮まらない。マーケットはそこを見越しているのではないか。

第二に、日銀は舵を切っても大きくは切れないことがバレてしまった。何度も指摘しているが、日銀は1％の金利上昇で当座預金に5兆円もの利息を付けなくてはならなくなるから、大打撃だ（利上げで増える日本国債の利息は相対的に微々たるもの）。政府も利上げ1％

で、国債は9年強で順次借り換えていくため1年目で0・8兆円の負担増、2年目には2兆円、3年目には3・2兆円の利払費が増えていく。9年後には8・7兆円増となり、いまの防衛予算をかるく超えてしまう。これがインフレターゲットである2％上昇となると、負担増もほぼ2倍となるから考えるだけで恐ろしい。金利を上げることは、すなわち日銀も政府も大きな負担を抱える構造になっている。だから、マイナス金利政策解除と言っても、この先はそうそう大胆なことができない。例えば、インフレ率が3％、4％へと徐々に上がっていったとき、それに対応して金利を3％も4％も上げられるのか。容易なことではない。

「いつの間にか貧乏」な国に

三番目は、円安である。ある国の政府が莫大な量の通貨を長期間発行し続ければ、その国の通貨の価値は下がる。当たり前のことだ。日本政府が二十数年も金融緩和をやってきた結果、日本の円の価値は相対的に下がり、海外から見れば、「日本はいつのまにか貧乏になっている」（海外在住の日本人投資家）と指摘されてしまう時代となった。それが証左に、海外で出稼ぎ売春する日本女性が出現したではないか。いい加減、この現実に目を向けるべきではないか。

第四には、為替介入という打ち出の小槌にも限界があることだ。政府・日銀が持つ外貨建て資産（外貨準備高）は、円換算で195兆円もあると官邸から聞かされたことがある。今回も、1ドル160円で（覆面で）為替介入を行って一気に8円も円高にもっていった。たいした豪腕である。外貨準備高を2日間で8兆円使った。

しかし、為替介入とは、所詮はカンフル、あるいは緊急輸血のようなものであって、根本的な治療法ではないだろう。日本経済が加速度的に生産性を向上させ、適度な経済成長によって物価高→賃上げという景気の好循環にならなければ、円の価値が戻ってこないのは自明のことだ。この先、日銀が金利を上昇させるたびに円安や資源高に対応して、この緊急輸血を続けていくことができるのか。外貨準備の4分3以上が米国債であることも忘れてはならない。

「前向きな経済政策」をいの一番に掲げることができないのは残念至極であるが、ともかくこの日本国の財政状況では、悩ましいことに、まずは「歳出カット」「財政再建」しか選択肢が見当たらないのである。

第二章　菅義偉

「夜中に救急車のサイレンの音で目が覚める。乗っているひとは大丈夫かなあ」
リアリストにしてプラグマティスト。
新型コロナ対策に振り回されて政権は短命に終わったが、
筆者が見つめてきた菅は一貫して
政治姿勢を変えることはなかった。
「携帯電話の料金を豪腕によって下げさせた」ことで、
いまになって再評価される政治家・菅義偉の本質とは。

菅官房長官への直電

2020年8月27日木曜日、午前11時8分の発信メッセージ。

〈いよいよの時、と考えております。是非とも「国民に尽くす、国民のために働く内閣」を目指していただきたいと思います。政権構想など、何かお役に立てそうなことがあれば、お申しつけください。月刊文藝春秋にもご登場いただきたく、伏してお願い申し上げます〉

安倍晋三総理の「心が折れたらしい」という情報は大手紙編集幹部から聞いていた。とすれば政権を投げ出す日も近い。このメッセージもそうした緊迫した情勢を受けて、菅義偉官房長官に宛てたものだった。しかし、菅からの返信はない。

ここはギリギリの勝負、という思いがあった。月刊「文藝春秋」の締切は月末である。菅が安倍の後継となれるのか、その見極めがついたところで、菅に再度、連絡しなくてはならない。早く連絡を入れたところで、「その時」が来なければ、政治家は何も話さない。タイミングこそが肝要だった。

菅の朝は早い。朝5時ごろには起きていて、すべての主要新聞に目を通す。そしてNHKニュースを見てから散歩に出る。散歩はだいたい40分程度。スケジュールは分刻みに決まっている。31日朝6時過ぎ、散歩の前の時間を狙って、直電を掛けてみた。「いよいよ、ですね……」と問いかけた。

「あとで連絡します」

取りつくシマがない。当然だろうとも思った。総裁選に向けての情勢分析、支持を得るべく有力議員たちとの連絡に忙殺されているはずだ。電話に出てもらえただけでも勿怪《もっけ》の幸いと考えなくてはならない。

「文藝春秋の締切はいつですか」

数時間後、菅の秘書から連絡が入った。

「今日、午後1時30分に会館の事務所に来ていただけますか」

「もちろん伺います」

会館事務所に駆けつけると、菅は例によって前置きもなく、こう言った。

「(月刊「文藝春秋」の)締切はいつですか」

しめた！　と思う間もなかった。このあとすぐに政権構想インタビュー、原稿のまとめ、記事チェック、校了と、スケジュールに思いをめぐらす。すべてを算段しなくてはならない。菅はむしろ「来るのが遅いじゃないか」という顔をしていた。痺れる展開が続いていく。インタビューのための日程は、翌9月1日の午後5時から6時30分までしか時間を取れないという。

すでにこの日の新聞朝刊には、「自民党総裁選　菅氏優位」（読売）、「主要派閥　菅氏支持の動き」（朝日）、「菅氏選出強まる」（毎日）という見出しが躍っていた。総理大臣が変わる――政治部記者が最も高揚する永田町の鉄火場である。そんなときに雑誌編集者がのこのこと議員会館に出かけていって、当事者に時間をもらえることに感謝しなくてはならない。

その時間、議員会館の部屋の前には官房長官番の記者が押し寄せていた。

「それで、政権構想はどういったかたちになるのでしょうか」

インタビュー時間を気にしながら、わたしは菅に尋ねた。

「政権構想は……ないんだよね」

この瞬間、わたしは椅子から転げ落ちそうになった。しかし同時に、菅さんらしいなとも思った。そもそも菅は政権構想といった大風呂敷を広げるタイプではない。

ただアタマの中でこちらの考えがまとまらない。どういう形で構想を打ち出せばいいのか。かねてより、「出馬する意思はない」とは言っていたものの、密かに政権の構想を練ってきたのではないのか。

菅は微笑んでいた。そのうしろには、官房長官秘書官の高羽陽（平成7年外務省入省）、大沢元一（平成7年大蔵省入省）が控えている。彼らは寝ずに政権構想の枠組みを考えているに違いない。菅が口にしたのは、「自助、共助、公助」という言葉だった。確か自民党の綱領にもあった文言だと思いながら、菅の言葉を聞いていた。

「私の持論は、国の基本は『自助、共助、公助』。自分でできることはまずは自分でやってみる。そして、地域、自治体が助け合う。その上で、政府が必ず責任を持って対応する。国民から政府がそのような信頼を得られるような、そういう国のあり方を目指したい」

安倍政権が掲げてきた「戦後レジームからの脱却」といった派手なキャッチとは裏腹に、すこぶる地味な印象があった。「菅らしい」といえば、そうなのだが。アタマの中ではなおも、キャッチフレーズを探している。話を聞いていくうちに、1976年、福田赳夫内閣誕生時の「(さあ、)働こう内閣だ」というキャッチがあったはずだと思い起こした。

やはり、先週、アタマの中で思いめぐらせていた「国民に尽くす、国民のために働く」といった路線でいくのがいいのではないか。時間の制約のなかで思いつくのは、その程度であった。

田中派、経世会生まれ

菅政権誕生までを簡単におさらいしておこう。

2020年6月、安倍政権はコロナ対策に追われていた。総理の安倍には「モリカケ」という二大スキャンダル(2017年の「森友学園」に国有地を安く払い下げたという疑惑、同年に発覚した「加計学園」の獣医学部新設に関わる許認可疑惑)を抱え、政権の勢いは急速に衰えていった。官房長官として菅は安倍を必死に支える一方、政権内での安倍との〝距離〟を噂されていた。さらに安倍は持病である潰瘍性大腸炎が再発し、政権は追い込まれていく。

2020年の盛夏の時点で、7年半を超える戦後最長の内閣は本当に終焉を迎えるのか否か。終わりであるならば、後継の総理は誰なのか。永田町の空気が張りつめていた。

まずは副総理・財務相である麻生太郎の名が挙がっていた。病の安倍に代わって臨時首相代理を務めたことで、第二次麻生政権に繋がるのではないかという観測も広がっていた。この夏のお盆、8月15日に安倍は麻生と会談している。かつて菅が安倍を口説いたのが終戦記念日であったように、安倍は麻生と何を語ったのか。

その9日後の24日、潰瘍性大腸炎の再検査の結果を受けて、安倍は退陣を決意する。麻生臨時首相代理を置くという選択肢が消え、「総裁選への出馬は考えていない」と繰り返してきた菅が急浮上してきた。

この空気のなかで、わたしは菅にメーセッジを発してみた。「総裁選への出馬はない」と言ってはいるが、物事にはタイミングというものがある。菅からの返信はなかったが、来るべき菅政権の「政権構想」を担うべく、さらなる機会を考えていた。

そして、8月29日、菅は都内で二階俊博自民党幹事長と会談し、その直後、「二階氏に出馬を伝達」という形で報道された。話が出たところで決着はついていたのだ。もともと二階も菅も田中派・経世会出身である。最後の「田中型の政治」のあり方を知る世代であった。わたしには、プロ政治家同士が話し合い、以心伝心で「総裁の座」を射止めたようにしか見えなかった。

月刊「文藝春秋」の締切のタイミングを考えれば、もう待つことはできない。「菅出馬報道」が出て、土日を挟んだ週明け、菅に直接、電話を掛けたわけだ。

徹底的なプラグマティスト

菅義偉は徹底的にプラグマティックな政治家である。

これまで歴代の総理大臣が掲げたようなスローガン、国民受けするようなキャッチを好むひとではない。政治をなりわい、職業とする仕事師であって、高邁な思想を語るひとでもない。冷戦終結から30年を経たからこそ、菅のようなタイプの総理が誕生したのではないか。「菅義偉『我が政権構想』」（「文藝春秋」2020年10月号・9月10日発売）を振り返ってみたい。

まず菅はなぜ総裁選に出馬するのか、その決意を語る。

「この国難への対応には一刻の猶予もなく、政治の空白は許されません。誰かが後を引き継がねばならない。果たして私がやるべきか――熟慮に熟慮を重ねました。それでもこの難局に立ち向かい、総理が進めてこられた取り組みを継承し、更なる前進を図るために、私の持てる力を尽くす（後略）」

そして、喫緊の課題は新型コロナウイルス感染症との闘いであることを明言する。

「感染防止と社会経済活動の再開を両立させなければ、国民生活が立ち行かなくなる」

いま聞くとすでに懐かしい響きになってしまったが、地域の観光業を支援するための「ＧｏＴｏキャンペーン」をさらに押し進めるという。

「私は秋田の寒村のいちご農家に育ち、子どもの頃から『出稼ぎのない世の中を作りたい』と思っていました」

菅は、最優先課題として「地方創生」を掲げた。総務大臣時代（第一次安倍政権）に立ち上げた「ふるさと納税」制度を自らの実績として挙げ、地域の活性化の目玉を「観光」と「農業」と位置付けた。菅は「観光」、すなわちインバウンドについては自信を持っている。外国人観光客の誘致拡大について説明する。

「当初は法務省と警察庁の官僚が『ビザ緩和で治安が悪化する』と大反対でしたが、本当にそうだったでしょうか。外国人観光客が増えること自体は良いことのはずです。そこで私は当時の法務大臣と国家公安委員長の二人にまず了解をもらい、観光庁を所管する国土交通大臣と外務大臣を加えた五人の閣僚で、十分足らずで観光ビザの緩和を決めました」

豪腕・官房長官の面目躍如である。実はここに菅独特の政治スタイルがある。かつて初めて閣僚となった総務大臣時代に菅はこう語っていた。

「（驚くことに）大臣っていうのは何でもできるんだよね。政務官や副大臣とはまったく違う。大臣が決めれば、（国の仕組みを）変えることができる」

菅は総務大臣に実際に就任して初めて、大臣の権限の大きさに気がついたという。「ビザ緩和」についていえば、関係する所管の大臣たちを集めていわば「関係閣僚会議」を主宰することを考えついた。その場で意見を集約して意思決定を行う。その結果を各大臣がそれぞれの役所に下ろすことで改革を押し進める。こうした変革のための閣僚たちによる意思決定スキームを、菅は発明した。

反対する警察官僚に、菅は「治安が悪くなるというが、それを取り締まるのがお前たちの仕事だろ、と言って聞かせた」と話してくれたことがある。この関係閣僚会議方式を使って、警察官僚たちを封じ込めたわけだ。事実、外国人観光客は八百三十六万人（2012年）から三千百八十八万人（19年）へと飛躍的に増えた。

具体的なターゲットが必要

菅の、政権構想というより政治課題の目標には、いつも具体的なターゲットがある。最も有名な施策となった携帯電話料金の値下げを例にとろう。ターゲットは大手通信会社三社だった。「国民のライフライン」となった携帯電話の料金は世界で最も高い水準であり、同時に契約体系も複雑。「0円プランが横行していた」時代である。大手通信会社の営業利益率が20％前後（大企業の平均利益率は約6％）であることを槍玉に挙げた。その後、菅政権において、大手三社の一角に楽天グループを参入させて楔を打った。さらに携帯料金を一気に四割近く下げ、契約体系も乗り換えを容易にする形に改めた。

もうひとつのターゲットは、「行政の縦割り」である。これは治水ダムの問題であった。気候変動のせいで、台風が接近してくると大小問わず河川の水位が上がり堤防が決壊して大災害が繰り返される。そこで、ダムの事前放流などの水害対策を関係省庁に指示したところ、国交省の役人から報告があったという。

「全国に千四百七十のダムがあるが、そのうち水害対策に活用されているのは国交省所管の五百七十のダムだけ。残りの九百は、経産省が所管する電力会社のダム、農水省が所管する農業用のダム等で、これら『利水ダム』は水害対策には利用されていない、と」

そこで菅のツルの一声が飛んだ。

「台風シーズンに限って、国交省が全てのダムを一元的に運用する体制」に変えてしまった。これで、全国のダム容量のうち、水害対策に使える容量が四十六億立方メートルから九十一億立方メートルに倍増した。八ッ場ダムの五十個分に相当するという。治水対策として絶大な効果があったという。異常気象によって台風の日本への襲来が飛躍的に増えている現在、これはあまり知られていない、菅のお手柄だろう。

「農業改革をやりたいんだよね」

大手通信会社、中央官庁（行政の縦割り）のみならず、構想の中には具体的に触れられていないが、菅は、農協や漁協と真っ向から対立してきた。これも世間に知られていないが、菅は官房長官就任直後から「農業改革をやりたいんだよね」とよく口にしていた。「農業・水産業改革」である。自民党の長年のスポンサーである農協、漁協を敵に回して、60年ぶりという「農協の解体的見直し」、「漁業権の制限」をなし遂げている。

こうした「国民目線」のあり方について、菅に直接尋ねてみようと思った。官邸に10年近くいた人間が、なぜゆえに「国民の立場」から政策を考えることができるのか。官邸は魔物が棲んでいるところで、完全な権力亡者になりやすい。「どうして国民目線を維持できるんですかね」との問いに対して、菅の答えが振るっていた。

「わかんねえ（笑）」

「国民にとって当たり前なこと」をやる

そんな「国民にとって当たり前なこと」を政治課題とした、仕事師内閣もコロナには勝てなかった。安倍政権もコロナ対策で追い詰められたように、菅政権も東京五輪開催をめぐるドタバタ、何より感染者数の急増大の前に、政権のちからを削がれていった。

コロナ対策を次々と繰り出すものの、国民に対して丁寧に説明することがうまく出来なかった。元来、口下手ではあるものの、それが言い訳にならない局面を迎えた。21年9月

3日、菅は、次期総裁選への出馬を断念する。10月4日に内閣総辞職。菅政権は384日で終わった。

総理在任中に菅と会った際に、こう尋ねてみた。

「竹下総理は、夜中に針が落ちた音でも目が覚めると言っておられました。官房長官から総理になられて、何がいちばん違いますか」

菅は少し考えて小声で呟くように答えた。

「やはり、私の決めたことが最後ですから」

官房長官としての発言なら、多少乱暴であっても修正が利くが、総理の口から出れば、当然ながら、それは最終決定である。その言葉の重みが、菅の口をさらに重くしていったように思う。のちに、総理を辞めたあとの会合で菅はこう洩らしていた。

「夜中に救急車のサイレンの音で目が覚める。乗っているひとは大丈夫かなあ、無事かなあと考えるとね」

「国民の安心安全」、言葉は言い古されたものかもしれないが、総理大臣の職にあるものの業のようなものを感じた。

「不妊治療への保険適用」という少子化対策

もうひとつ、菅政権下で実施された見逃すことのできない施策がある。それは、不妊治療の保険適用である。

これまでも段階的に不妊治療への助成、支援は拡充されてきたが、菅政権になって、22年から体外受精などの不妊治療に公的医療保険を適用されるようになった。こういうときの菅の決断は早い。菅は言う。

「あのとき、国から400億円を助成したことで、体外受精の出生者数が1万人近く増えた（20年の60381人から21年は69797人へ）。このこと（成果）については地方紙が一紙書いただけで、どこにも報道されていないけど」

なるほど、「赤ちゃんがほしい」という切実な親御さんの声に応えた施策は当然のことながら、出生者数に直結するわけだ。

「これからの少子化対策は、まずは不妊治療一本に絞って思い切った支援をするのがいいのではないか」

たしかに、岸田政権の打ち出した「異次元の少子化対策」は実に3兆6000億円もの巨額の資金を投入するが、これはあくまで子供を持つ親、子育て支援がメインである。恐るべきことに、この異次元少子化対策は、その目標として「出生数を何万人増やす」とか「出生率をコンマ何パーセント上げる」といった具体的な目標値を設定していない。ふつうの民間企業でこれだけの資金を使って新たな事業計画を立てた場合、その達成目標を示せなければ、トップや担当役員のクビが飛ぶところだろう。

実は2022年度から、この不妊治療は保険適用となり、年間で896億円が支出されており、さらなる出生数の増加が期待されている。

政治とは不思議なもの

結果からいえば、菅政権は短命に終わった。

コロナの感染状況が一段落して国民が冷静さを取り戻すにつれて、菅への評価が変わり始めた。ある有力財界人のひとりも「菅さんは惜しかったよなあ、時期がよくなかった」としみじみ語っていた。メディアやＹｏｕＴｕｂｅでは、「菅さんしか１００万人ワクチン接種など出来なかった」「携帯料金を下げさせた豪腕ぶり」「改革への決断力が凄い」といった評価が語られる。

しかし、コロナ禍がなければ、常に「総理になる気はない」と明言していた菅が総理の座に座ることもなかったであろう。わたしが見つめてきた菅は、一貫してその政治姿勢を変えることはなかった。国民の見る目が変わっただけなのである。

政治とはほんとうに不思議なものだ。

「総裁選に立つことにした。ついては文春の社長に頼むから、三年、総理補佐官になってくれ」
そこまで言うほど、筆者の提案する政策を信頼してくれた。
銀行の不良債権を「ハードランディング」で処理すべきと主張し、総裁選に敗れて無派閥に。
国民の悲鳴に耳を傾け、日本の政官財が「無責任のキャッチボールを続けている」と喝破した、信念のひとだった。

第三章 梶山静六

赤坂料亭「佳境亭」の夜

東京・赤坂の奥まった路地にある料亭「佳境亭」。四階建てビルの玄関でキミさんと呼ばれる仲居が迎えてくれた。1997年10月31日金曜日午後6時30分、わたしにとって緊張の舞台が待っていた。

「佳境亭」は、大蔵省接待の待合として知られる。初めて行ったときは接待疑惑の潜入取材で内部の様子を探りに行ったのだが、老獪だが明るい性格の女将・山上磨智子になぜか気にいられ出入りを許された。以降、重要かつ内密な用件の場合のみ、この料亭を利用していた。野中広務と会食した際には「こんな大蔵省の牙城に連れてくるとは、どういう料簡だ」とかるく叱られたこともあった。

その前月9月19日金曜日、橋本龍太郎政権の官房長官の職を辞したばかりの梶山静六にようやく面会が叶った。議員会館の部屋で、この強面かつ常に厳しい姿勢の大物と向かい合う。臍下《せいか》丹田にちからを込めて、ある提案を持ち出した。

「このままでは銀行が潰れるのは時間の問題です。緊急の金融危機対策が必要だと思います。ついては対応策の準備を始めたいのですが、宜しいでしょうか」

官房長官時代に住専問題で6850億円の公的資本注入を決断した梶山は、金融対策については一家言ある立場だ。しかし、提案に対する反応は鈍かった。

「住専問題の処理のときに、大蔵省に尋ねたらもうこれ以上（金融機関に）問題がないと言ってきた。だから、『これっきりだぞ』と言って6850億円もの税金（公的資金）支出を認めた。銀行が潰れるなんて話は聞いていない」

8日前まで官邸に居た梶山の言葉は重い。だが、こちらとしては、金融スペシャリストの最大手シンクタンク研究員を中心に、日銀マン、証券会社幹部たち五人との私的研究会で議論を重ねてきた。その結論として、大手銀行、証券会社も含めてあらゆる金融機関が重大な経営危機に陥っていることを確信していた。

「大蔵省はそう言うでしょうが、銀行の隠された不良債権は膨大です。住専に続いて経営破綻するのは時間の問題だと思います」

正直にいえば、それまでの常識――すなわち日本興業銀行、富士銀行や住友銀行などの大手都市銀行、あるいは四大証券会社が潰れるわけがない、と私も思っていた。しかし、数字は嘘をつかない。研究会で地道な経営データ収集と精緻な計算を積み上げていくと、もはや銀行の損失はその自己資本をはるかに上回り、早晩、経営破綻することは明らかだった。

なおも食い下がろうとすると、梶山はこう言った。

「じゃあ、オレの前で与謝野（馨）と議論してみろ。それを聞いて判断する」

エライことになったと思った。相手は、つい先日まで官房副長官として梶山と共に官邸にあり、自民党切っての政策通として知られる与謝野である。大蔵官僚や通産官僚からは神のように慕われている。こちらは38歳、若造の週刊誌編集部デスクである。金融についてひと一倍取材しているとはいえ、にわか金融専門家の域を出ない。いま思い返しても冷や汗が出る。しかし、もはや逃げることはできないと、与謝野との対決を覚悟した。

与謝野との噛み合わない議論

一ヵ月後、自分にできる範囲で金融機関のデータをアタマに詰め込んで、赤坂の料亭に向かった。冒頭の場面に戻ろう。

「佳境亭」の3階にあったおそらく20畳ほどある広めの座敷で、梶山と与謝野、そしてわたしの三人で車座になった。与謝野は梶山に言われて仕方なく来たといった風情で、話はいっこうに弾まない。梶山は箸でお膳に載る切り身を突っ付きながら、「こんな旨いもの食べると、他のシャケが食べられなくなる」と、どうでもいいことを言っていた。

「ご承知のとおり、バブル崩壊で銀行や証券会社、金融機関の抱える不良債権の額は膨大です。１００兆円を超えるという試算もあります。金融機関の破綻は目前に迫っている状況です。このままでは金融恐慌にもなりかねない。一刻も早く金融危機対応への具体策を考えなくてはならないと思います」

与謝野は、「大蔵省や専門家筋から、そうした話は出ていない」とポツリポツリと繰り返すばかり。話は最後まで嚙み合わなかった。この日の梶山の日程は二階建てになっていて、１時間半ほどで次の会合に向かった。与謝野も麻雀でもするのだろう、早々に近くにある別の料亭に行ってしまった。

残された私には座敷がやけに広く感じられた。収穫としては、「（金融危機対策の）論文の準備だけはしていいですね」と梶山に念を押したことで、了解をもらった。一歩前進だった。

我々としては万一、金融機関が破綻した場合、そのタイミングで論文を出すインパクトの大きさを計算していた。元自民党幹事長、官房長官である梶山の発言でなければ、来るべき金融危機は乗り越えられないと考えていた。

自民党下野の「A級戦犯」

このとき、橋本政権下での政治情勢は複雑だった。

梶山が官房長官の職を放り投げたのも、当時の「自社さ派」といわれた、加藤紘一官房長官、野中広務幹事長代理との確執があったからだ。梶山が幹事長時代の1993年、小沢一郎（元自民党幹事長）、羽田孜たちが新生党を作って自民党を飛び出し、細川連立政権を樹立した。梶山は自民党を下野させた「A級戦犯」の責を負い、謹慎。その後、野党時代に自社さ政権樹立の陰の立役者として動き、94年に村山政権をつくった。梶山いわく、「朝5時半から、議員宿舎の村山さんの部屋に通ったんだ」と苦労を重ねて、自民党と社会党の政権を立ち上げた。一年半後、村山退陣を受けて、橋本龍太郎政権が発足。そのハシリュウを担いで1996年1月から官房長官を務め、豪腕ぶりを発揮した。

96年の総選挙のあとは、こんどは連立の組み換えを画策し、不倶戴天のはずだった小沢との連携を計り「保保連合」を目指し、加藤ら自社さ派との対立が浮き彫りになっていた。目まぐるしい政局の中で、梶山は、橋本や竹下とは距離を置くようになり、さらに加藤や野中たちと決裂することになる。アップダウンを繰り返す梶山の立場は、この当時は日陰にあった。

自民党の一軍選手

なぜ梶山静六を頼ったのか。

わたしの好みとして党人派であり叩き上げ。世襲議員は好まない。当時、ある旧田中派（木曜クラブ）担当のベテラン記者と話していて気づいたことがあった。

「自民党を取材していると思うのですが、田中派、そしてその流れを組む政治家たちがプロ野球でいう一軍選手ですよね。三角大福中なんて、あたかも五大派閥が拮抗しているかに新聞は書いているけど、実態は田中派が圧倒的な力と人材の厚みがある。政局を動かすのはいつも彼らでしょう。角栄が倒れたあとは、それに連なる竹下派に引き継がれ、そして経世会分裂後も旧田中派の人たちが政局の中枢にいる。対して、福田派・清和会は二軍って感じではないですか（苦笑）」

わたしが言うと、古くからの付き合いのあるベテラン記者は、その通りと頷いた。

「面白いのは、田中角栄は政治家としてオールマイティと考えてみることだ。その親分のDNAを受け継いだ竹下登以下七奉行の面々は、角栄の何ものかを相続しているんだな。竹下は大蔵省に強く図抜けて金儲けがうまい、金丸信は建設族であり国会対策に長け、橋本は厚労族で霞が関に人気がある。人柄の小渕はああ見えて閥務に明るい、郵政族だ。奥田敬和は喧嘩早くて胆力があった。渡部恒三も独特の人間性があり野党にも人気があった。もちろん小沢一郎は突破力があり豪腕だね。梶さんもそうだよね」

のちに深く付き合うようになり、梶山静六は、田中角栄の多くの才能を受け継いでいるのではないかと感じた。言葉はわるいが「ミニ角栄」、度胸も胆力もあり、喧嘩もできる。地頭も恐ろしくいい。国対に強く、通産省が根城の商工族で、資金力もあった。強面のようで愛嬌もあり、親分肌だった。政治家としてのリテラシーを満遍なく持っている。

議員会館に通う日々

前述したように、週刊誌の記者は政治家に会うことすら大変な時代である。新聞記者のように、派閥の番記者として日常、政治家に接する機会も何もない。梶山の信頼を得るべく、ハダカでぶつかっていくしか方法がなかった。

梶山事務所は衆議院第二議員会館の7階にあった。金曜日の夕方近くになると、会館の廊下も閑散としてくる。「金帰月来」、代議士たちは次の選挙に備えて週末は、自らの選挙区に戻っていく。政治記者たちの姿も少ない。そんなタイミングを狙って梶山事務所の筆頭秘書・大崎惠利子を訪ねた。

月刊「文藝春秋」編集部時代、自民党が選挙で破れ大敗し、下野させてしまった前幹事長として梶山の「わがザンゲ録」（「文藝春秋」1994年1月号）を掲載したことがあった。かぼそい縁であったが、その記事のリードで梶山のことを「A級戦犯」と譬えたことで、秘書の大﨑に大目玉を喰ったこともあった。

その記事は、梶山がひそかに社会党に秋波を送るような内容であり、その後、自民党が政権に復帰する布石であることがわかる。とはいっても、その記事一本を担当したぐらいでは、信頼関係などとはほど遠い。

将を射んと欲すれば先ず馬を射よ。というわけで、梶山が絶大な信頼を寄せる大﨑の信用を得るべく議員会館に日参した。ところが雑談にもならない。週刊誌の人間など永田町では存在しないも同然である。そうした差別意識のない大﨑でも、大勢の番記者や親しい記者の応接に追われている。わたしなどを相手にする理由がない。

一計を案じてみた。金融、経済の私的な研究会の成果をA4一枚のメモにまとめて、それを毎週欠かさず大﨑の元に届けるようにした。「金融ルネサンス」と題したそのメモの一部が手元に残っている。いまではリアルに考えていただけないかもしれないが、ちょうどバブル崩壊から金融危機への端境期、嵐の前の静けさだった。

「金融ルネサンス」の必要性

1997年秋に記した、「なぜ、金融ルネサンスが必要なのか」と題したメモがある。「日本の銀行が抱える公表不良債権は、主要20行で16兆円（97年3月期）といわれている。しかし、『土地本位制』の日本において、バブル最盛期（90年）に日本全体の地価総額が2365兆円だったものが、5年後（95年）には1767兆円と、600兆円もの資産が消えてしまったことから考えると、事態はもっと深刻であると考えるべき」

やや気負った文言ではあるが、この時代の経済状況が、その後、「日本の失われた30年」に繋がったことを改めて思い起こしていただきたい。さらにメモは続く。

「バブル時代には、金融機関は土地を担保に目一杯に貸し込んでおり、少なく見積もってもその600兆円の二割が不良化しているとして、実際は120兆円以上の不良債権があると予想される。このうち、91年から、およそ27兆円償却（すでに不良債権を処理したという意味）したといわれる」

要は、金融機関が大蔵省などの金融当局に隠している不動産絡みの不良債権額は100兆円近いと言っている。さらにこの数字に株式での損失やゴルフ会員権の不良債権が加わるわけだ。

「来年（98年）4月から各金融機関に『早期是正措置』が発動され、大蔵省が、金融機関に財務内容を開示させ、一定の基準に満たない場合、業務改善命令か業務停止命令が出される。さらに株安によって銀行の持つ株式含み益が減り、総資産（貸出）の圧縮を迫られる。この状況下では、銀行は積極的に貸出を行う誘因が働かなくなり、銀行の中小企業への貸し渋りといった由々しき事態が発生している」

金融機関には公表ベース以外に、巨額の不良債権が隠されている。それは金融機関単体の利益ではとても償却できるレベルではないので、銀行や証券会社は潰れてしまう、と考えていた。金融恐慌である。梶山や与謝野に、こうした緊迫した経営状況を説明したつもりであったが、理解は得られなかった。しかし、その予測はすぐに現実のものとなった。

三洋証券、拓銀、そして山一證券の破綻

「佳境亭」での会合からわずか三日後、11月3日、準大手の三洋証券が経営破綻した。原因はノンバンク子会社の不動産投資の失敗であった。そしてその二週間後の17日、こんどは末端ではあるが都市銀行の北海道拓殖銀行が潰れた。これは戦後初の都市銀行の破綻といわれた（後にそんなレベルでは済まなかったことを我々は既に知っているが）。その一週間後の11

月24日、四大証券会社の一角である山一證券が破綻する。野澤正平社長は「私ら（経営陣）が悪いんであって、社員は悪くありませんから」との名セリフを残した。事実、経営者が悪かったのである。

事態の急展開を受けて梶山が動き出した。11月7日、梶山事務所から急遽呼び出しがあった。そこには、通産省官房審議官（昭和46年通産省入省）の今井康夫が待っていた。梶山に長年仕える副官のようなひとで、産業政策に明るい。このミーティングで金融危機対策として梶山構想をまとめることへのGOサインが出た。

かねてより、論文の準備を重ねていた。さらに、金融危機対応策ばかりでなく、産業政策も併せて検討しなくてはならなかった。梶山が思い描く産業政策をより具体的に展開する、今井がその役を担うこととなった。

なぜ金融危機を察知できなかったのか

なぜ、政治家の与謝野をはじめ、大蔵省銀行局などの霞が関官僚たちも金融危機を見通すことができなかったのだろうか。

これには、予測が当たった、外れた、の手柄話のレベルではなく、霞が関・役所における重大な欠陥があるように思える。その要因の第一は、銀行や証券会社が公開する決算数字が出鱈目だったことが挙げられる。第二には、後に問題になる金融機関への検査がまったく機能しなかったことだ。銀行や証券会社の隠蔽体質が問題なのだが、それを突き崩せなかった当局の検査レベルにも相当な問題があった（後に金融検査機能を拡充し、ちょっと大袈裟だったがドラマ半沢直樹の黒崎検査官が活躍するような組織となるが）。しかし、最も大きな要因としては、官僚も政治家も、ひいては著名な金融アナリストたちも現状分析がまったくと言っていいほどできていなかったことだ。実はこの体たらくは、この国の専門家たちにありがちな、リアリズムの欠如と深く関係していると思う。10兆円や20兆円単位ではなく、１００兆円規模の不良債権を見逃していることこそ、大問題であるはずだ。

ではなぜ、我々雑誌メディアが気づくことが出来たのか。それは、バブル崩壊後の経済事件について嫌というほど取材を重ねてきたからである。

「大型経済事件」の教訓

先に示したように、週刊誌記者は政治記者にも経済記者にもなれるのであるが、当然、社会部記者にもなることができる。とくにバブル崩壊後の大型経済事件は経済部と社会部の領域に跨がる、両者の狭間で起きた事案である。週刊誌記者は有利な立場であった。

わたしが手掛けたのは、仕手集団「光進」事件が手始めだった。事件の裏には蛇の目ミシンや国際航業の仕手戦を通じてのバトルがあり、「光進」の負債総額は1200億円にのぼった。つづく住友銀行を舞台に起こったイトマン事件では、実に3000億円が暴力団などの闇世界に消えたといわれる。頭取が娘のスキャンダルを隠すために、不正融資を見て見ぬふりをしていた。いまとなってはテレビドラマ顔負けの信じがたい話ばかりだった。

銀行絡みでいえば東海銀行・富士銀行不正融資事件でも数千億円単位の資金が吹っ飛んでいる。また大蔵省過剰接待に直結したリゾート開発会社「イー・アイ・イー」事件も、日本長期信用銀行や東京協和信組などが舞台であった。負債は5000億円近い。これは「イー・アイ・イー」の総帥・高橋治則がふたつの信組、信金を手駒のようにつかって大穴を開けた事件だった。大蔵省現役幹部（田谷廣明東京税関長・中島義雄主計局次長）が「イー・アイ・イー」の自家用ジェット機で香港に行き、資金1億円の提供を受けて株式投資をしていたことを、担当デスクとして「週刊文春」（95年3月9日号）誌上でスクープした。

数千億円もの資金が闇世界に消えていくのを間近で見てきたことで、銀行や金融機関の闇を実感していた。いまではすっかりお行儀がよくなってしまったが、当時の銀行はノンバンクやフロント企業を駆使して、バブル時代の恩恵を享受していた。その大いなるツケが不良債権である。

当時、「不良債権」（リスク比率によって四つに分類される）という言葉すら知らずに取材を始めたが、要は貸し出した資金が焦げついて返ってこない、貸し倒れのことである。「土地や株は永遠に上がり続ける」というバブル神話。その泡のなかで、銀行員や証券マン、不動産業者やブローカーがなんの倫理観もなく暴れまくった。その周囲では、大蔵官僚や通産官僚たちも甘い汁を吸っていた。「佳境亭」では黒塗りハイヤーを待たせて深夜まで麻雀に興じていたし、部下を連れて飲み食いして銀行にツケ回すなどは日常茶飯事であった。都心から少し離れた向島の料亭街でも毎夜ドンチャン騒ぎを繰り返していた。ある大蔵省総括審議官は「ノーパンしゃぶしゃぶと聞いて、省としてどう対応していいか何の策も思い浮かばなかった」と嘆いていたが、官僚たちが過剰な接待を受けていたことが発覚し、その権威は失墜した。この汚職事件は山一證券破綻の2ヵ月後、98年1月に発覚し、刑事事件化する。

140兆円が消えた計算

次から次へと発覚する大型経済事件を取材していたことで、我々は金融機関の実態を目の当たりにした。それらは事件化したからわかる氷山の一角であって、数多くの貸出の中には、顕在化しない多くの不良債権があるに違いないと確信していた。

大手銀行の総資産（貸出）600兆円のうち、金融当局がいう「不良債権は16兆円」であるわけがない。不良債権というより焦げつき（ロス）である。ほぼ全ての資金が土地と株とゴルフ会員権に貼ってあるから、バブルの絶頂期から崩壊時期で、それぞれの価格の差額を計算して足してみた。140兆円を超える貸し金が消えた計算になる。各大手銀行がひた隠しにしているため個別の資産状況を掴むのは難しいが、大枠での暴落比率を考えれば、大掴みに焦げつきの総額がわかる。この140兆円のロスを土台に考えて金融再生を考えていこうというのが、わたしたち私的研究会の結論であった。国民の多くから預かったカネを失ってしまった銀行、それを見て見ぬふりをしてきた大蔵省銀行局。超のつくエリート集団であったはずの彼らは、金融の世界のどこを見ていたのであろうか。ナマの経済状況へのリアリズムが致命的に欠けていた。

官僚機構の構造的な欠陥

「官僚機構の構造的な欠陥」と言ったが、具体的な例を挙げてみよう。

たとえば、金融庁ができる前、大蔵省銀行局で銀行一課長を務めると、都市銀行など大手を担当することになる。カウンターパートは、銀行の企画担当の常務取締役である。そこで業界全体に顔見せする。銀行局長ともなると、頭取と対等となる。銀行の役員は、大蔵官僚に本当に気を遣っていた。MOF担と呼ばれる大蔵省担当者が接待を通じて親密になることで、大蔵省の意向を探っていく。東大の同級生といった個人的な関係をテコにヨコの関係をつくり、それを先輩・後輩のタテの関係へと繋いでいく。

問題なのは、官僚の各部局の在任期間が2年ほどと短いことだ。彼らは非常に優秀なので、すぐに金融政策に対応できる。ただし、継続性はないし、引き継ぎも十分とは言えなかった。金融危機という戦後初めて経験するような事態となると、からきし対応力が弱まる。かつて財務官となりミスター円と呼ばれた榊原英資《えいすけ》が、「東大法学部を出たからといって、Ph.D.（博士号）も取らずに経済を論ずるのはおかしい」と言っていた。自らは東大経済学部出身者なので多少割り引いて聞くとしても、専門性からいって、金融の仕事は3年以上続ける必要があるだろう。大蔵省人事の欠陥が露呈してしまったといえる。

現状分析をした上で対応策を考える

梶山との個別政策の打ち合わせは急ピッチで進んでいた。

まずは現下の金融危機を分析し、その精緻な分析のうえで対策を考える。この「分析→対応策」という当たり前の方程式が、日本の政策決定で出来ないことが多い。あらゆる政策決定プロセスにおいて最も重要な手順なのだが、分析を誤れば的を射た対応策などつくれるはずがない。また分析を徹底する前に対策が決まったりする場合が非常に多い。この97年の金融危機でいえば、そもそも銀行が経営破綻するという分析ができていなかった。不良債権によるロス（焦げつき）、それによって自己資本比率が定められた数値を割り込むと経営破綻となる。当時、ＢＩＳ（国際決済銀行）の規定で大手行は８％、国内営業が主体の小さな銀行は４％と決められていた。

なぜ国際的に金融機関のルールが決められていたかといえば、自ら持つ資本に関係なく無限の貸出を行うと信用創造が実態経済以上に膨らみ過ぎて、経済が水ぶくれになったり、健全なバンキングシステムが維持できないからである。逆にいえば、自己資本の12・5倍までは信用創造（貸出・総資産）してよいとタガを嵌めていることになる。

日本の金融機関はこのタガが完全に崩壊していた。

90年代初めに月刊「文藝春秋」で、大手都市銀行、長期信用銀行（日本興業銀行など）の頭取に連続インタビューしたことがあった。どの銀行も、大手町・丸の内の豪壮なビルの本店に、頭取室があった。靴がめり込むほどのふかふかの絨毯、東山魁夷、モネ、ルノアール、セザンヌ、村山槐多といった名画が普通に飾られる頭取応接室は、どこもテニスコートのように広々としていた。その大層な大手都市銀行、長期信用銀行すべてが音を立てて崩れようとしていた。

「異例の巻頭10ページ」の梶山論文

「週刊文春」97年12月4日号（11月27日発売）に「梶山静六・前官房長官緊急提言　わが日本経済再生のシナリオ」が掲載された。一政治家の政策提言が週刊誌の巻頭10ページにわたって記事となったのは、まったく前代未聞のことだった。

実は掲載に当たって一悶着あった。締切直前になって梶山が「週刊誌じゃなくて月刊文藝春秋に掲載してほしい」と言ってきたからだ。わたしは、虎ノ門のクリニックで人間ドックに入っていた梶山を説得しに行った。「月刊誌は毎月10日が発売です。山一證券が危ないですから、一刻も早く掲載できる週刊誌でやりましょう」と言うと、特別室のベッドで寝ていた梶山は、「ダメだ。女のハダカを出しているような雑誌には載せない」と怒っていた。「ハダカのグラビアはありません」と言うと、渋々掲載を認めてくれたのだ。

論文の反響はすさまじかった。大手新聞の多くがその提言を「梶山10兆円構想」として政治面の記事として取り上げた。週刊誌の記事を後追いするなど、新聞業界の常識になかったと思う。この号は実売71万部で完売した。

その内容は、梶山のこの国の将来に対する危機感に満ちている。

「いまここで政府が何らかの施策を講じなければ、この日本はかつての昭和恐慌に類する未曽有の国家的危機を迎えるのではないか」

実際、北海道拓殖銀行が経営破綻し、山一證券が自主廃業に追い込まれた。そのうえ、金融機関の不良債権処理が片づかないうちに、政府は金融の完全自由化（ビッグバン）に手をつけてしまった。そのため、銀行、証券会社が大打撃を受けて、日本経済全体に大きな歪みを生じてしまっていると分析する。

「私は、現在の経済危機の根本は金融システムにあると、考えています。いわば金融不況です」

ここが肝心なところであった。

「企業活動に血液を循環させている金融システムというものが、すでに麻痺しているからです。つまり日本経済の現状は、四肢は強くても、その四肢に血を送り出す心臓部分が不全状態に陥っているのです。それゆえ、いまこそ金融機関の復興――『金融ルネサンス』なくして、景気の真の回復はあり得ません。あのバブルの清算を、ここで一気に片づける真の勇気が必要なのです」

銀行経営者、大蔵省の責任

梶山の追及は厳しい。その矛先は銀行経営者や大蔵省に向かう。

「まず、第一に取り組むべきは、金融機関の完全で徹底的な情報開示（ディスクロージャー）です。第二に、このデータを元に金融機関の経営状況を正確に把握し、個々の不良債権を確定、その処理を行う。同時に、経営責任の追及をとことんやる。場合によっては、銀行経営者の刑事責任を問い、経営判断のミスが明らかになれば私財没収といったところまで踏み込むべきでしょう」

これには前例があって、アメリカは大恐慌の折り、連邦議会に「ペコラ委員会」と呼ばれた臨時の行政組織を設置して、大恐慌の原因究明を行ったことがある。この間に二千人におよぶ関係者が起訴され、千数百人が有罪判決を受けた。

「公的資金導入とは、これほど血を流さねば許されないのであり、公的資金を注ぎ込む前に、誰がこの危機を招いたか、どこが政策決定を誤ったのか、を国民の前にさらけ出すことです」

続けて、金融機関に100兆円単位の大穴が空いているので、預金者を保護しながら不良債権によって棄損した自己資本に公的資金を注ぎ込んで健全化するという。

要は税金を使って穴埋めするが、そのためにはきちんと詰め腹を切ってもらいますよ、ということだった。責任追及において相当強烈な中身だった。

同時に、当時、欧米の金融政策に追いつくべく進められていた「日本版ビッグバン」についても、金融システムの機能不全の状況を鑑みれば、導入時期を見直すべしと断じている。また金融機関の破綻に伴う預金者保護の名目で進められていた「預金保険法改正」にも、待ったをかけた。預金保険によって金融機関が破綻しても預金を完全に保護するのは当然であるが、安易に保険料率を上げることに反対する。保険料といっても元々預金者のおカネであって、その金で金融機関を助けることにもなりかねない。

「公的資金の導入には、国民にきちんと理解される明確なルールをまず作ることが必須要件なのです」

ルールがなければ銀行をはじめとする金融機関に税金を入れられない。

「公的資金によって、金融機関の自己資本を補うほかに道はないのです。傷んだ金融機関に優先株（議決権のない株式）を発行させ、それを公的資金で買い上げるなどの手段によって、資金を直接、金融機関に注入するしかありません」

住専問題の処理で、官房長官として決断した血税6850億円投入ですら非難を浴びていた。こんどは10兆円単位である。しかし、他に打開策がない以上、断腸の思いで公的資金を導入しようという。

「もちろん、経営責任を棚上げにしたり、手前勝手な不動産融資のツケを野放図に『国民の税金で賄え』などと言っているのではありません。まず経営の責任はとらせる。当然大蔵省といえども、その責任は免れるものではありません。その上で、銀行の自己資本を建て直し、『金融ルネサンス』を軌道に乗せていく」

「財政構造改革」と「経済構造改革」

「日本経済再生のシナリオ」は金融政策だけではない。梶山は官房長官時代に「財政構造改革」の旗振り役であり、積極的に財政再建の道筋をつけた。しかし、そこにこの金融危機に立ち向かわなければならない局面がやってきた。「財政構造改革」と「経済構造改革」をクルマの両輪に譬え、双方のバランスを取りながら舵取りせよ、という。さらに、中小企業への貸出を緩め、政府系金融機関の貸出枠を倍増することも提案した。法人税減税、PFI（Private Finance Initiative）といった民間資本を公共事業に投入することも検討していた。有料の橋、道路、ゴミ発電、廃棄物処理施設、工場跡地開発、上下水道など、公共事業を競争入札で民間資本にやらせようというものだ。いまでは当たり前になっているが、それを先進的に提唱していた。

そして最も重要なのは、こうした金融政策や三つの経済政策（中小企業対策、法人税減税、PFI）を実施するにはカネがいる。それを新しい国債で賄おうとした。

「なんだ、やはり借金ではないかと批判されるのは承知していますが、従来の国債と決定的に違うのは、償還の当てがあることです。じつは、政府は隠された資産を持っています。それは、民営化されたNTTと日本たばこの株式です」

当時の株価で約5兆円を上回る資産だという（ここは、今まさしく改正NTT法で注目されているところだ）。さらに電源開発株式会社、アルコール専売事業、日本開発銀行（現日本政策投資銀行）や住宅・都市整備公団なども民営化して株式会社化されれば、政府の保有する株式の一部を放出することができる。こうした資金を担保として国債を発行するというのがミソであった。

「これを『改革・発展国債』として流通させることができれば、当面の改革に関する財源を確保できるし、財政再建にも影響を与えないで済むと私は考えています」

梶山のかねての持論である財政構造改革と矛盾しないこと、整合性をとることにも配慮していた。続けて、

「当面十兆円程度を発行し、経済構造改革を推進する財源として活用できるはずです」

発行根拠のある国債で調達する資金を10兆円と設定したことが、最大のニュースバリューがあった。新聞紙面でもこの『10兆円』いう数字が躍った。このあたり、新聞記者と私たちとでは、感覚が違っていた。10兆円を準備するということがテーマではなく、100兆円以上もの預金者のカネが金融機関から消えてしまったことの方が問題なはずだ。その惨憺たる状況こそ、見つめるべき対象ではなかったか。これ以降の政局は、この10兆円の国債をめぐって展開していくのだが、それはまた後の話である。

「産業政策」を大きな柱に

「日本経済再生のシナリオ」では、金融政策と並んで、産業政策も大きな柱に据えた。

「こうした（金融）改革に成功したとしても、さらに、これからわが国が何によって、経

済発展をつづけていくのか、新たな戦略が必要です。私は、それはやはり『産業技術』だと考えています」

「しかし、問題なのは、いまや、終戦直後から、わが国経済を支えてきた繊維、造船、鉄鋼、自動車、半導体、パソコンといった、これまでの主力商品が、世界でその勢いを失ってきていることです。

では、これからの十年、日本は何で食べていくのか。いまこそ、こうした先端技術開発に、人もモノも金も投入して、次世代の食い扶持（主力産業）を育成すべき時です。開拓者精神を奮い起こす絶好の機会でもあるのです」

この「食い扶持（主力産業）」のフレーズは、アベノミクスのなかにも反映し、さらには梶山の最後の子分、愛弟子である菅義偉政権に受け継がれていく。

梶山静六の強い危機感

「梶山10兆円構想」と呼ばれた「日本経済再生のシナリオ」は、梶山静六の強い危機感から生まれた。陸軍航空士官学校在学中に終戦を迎えた。政治の道に進んで、41歳、史上最年少で県議会議長（茨城県）となった。敗戦後の焼け野原からの復興と、高度経済成長を政治から支えた。エネルギー政策に興味を持ち、一貫して通産省を本拠地として商工族のドンとなった。東海村の原子力発電に尽力したことに象徴されるように、親分の田中角栄と共に、経済成長の驀進と自らの政治キャリアを重ねることができた世代だ。

「産業技術立国」、「自由貿易」といった経済成長の推進力こそ日本の取るべき道と考えている。その成長が陰りを見せたのと軌を一にして、「これからはファイナンスの時代だ」と金融資本主義的な経済活動が飛躍的に伸びていく。典型的なのは、土地を投機の対象として投資し資金を膨らませていく――皆がそう考えれば、地価は上がりいずれは米国経済も抜き去り世界一の経済大国になる。いま考えれば、ただの幻想だが、バブル経済当時、誰もがジュリアナの泡に踊っていた。そして、平成の鬼平と呼ばれた三重野康による、金融の急激な引き締めが行われた。三重野が急ブレーキをかけたのだ。

当時の三重野康総裁にはひとつの伝説がある。「俺は東大を出て日銀に入り総裁まで上り詰めたが国産車だ。それなのに、不動産業者や地上げ屋が我が物顔でベンツに乗って闊歩しているのは許せん」と言ったとか言わないとか。当時のバブル紳士から直接聞いた。ただの流言であろうが、時代の気分を表している。「バブル退治」などといわれ持て囃されたが、あまりにも急な地価の暴落は信用創造を一気に収縮させ、経済そのものを墜落させた。バブル崩壊である。

繰り返しになるが100兆円を超える規模で資金が焦げついたため、金融・証券、不動産はもちろん、あらゆる産業がダメージを被った。

ここがバブル経済崩壊の特徴であるが、各産業で作った不良債権（損失の塊）は、当時のメインバンク制度の元で銀行に集まってくる。要は貸出の焦げつきを通じて、銀行の自己資本を食いつぶす形で集約される特徴を持つ。逆にいえば、銀行の経営状況は悪化するが、その治療法は銀行に対する「自己資本注入」という措置によって劇的に回復するというシンプルな構図になっている。「梶山10兆円構想」は、それを外科的に一気に処理してしまおうという構想であった。

世に言う「ハードランディング」である。

大蔵省の逆襲

現在から、この1990年から2000年に掛けての時代を振り返れば、もっと短期にズバッと処置しておけば、こんなに不況が長引くことはなかったことがよくわかるはずだ。しかし残念ながら、「梶山10兆円構想」は骨抜きにされていく。

当時、橋本政権では、「銀行経営者も大蔵省・金融当局もクビを取って（責任を取らせて）

から税金（公的資金）を入れる」と明言する、梶山の構想通りにはできなかった。大蔵省をはじめとして政府はいわゆるソフトランディング路線で、大手銀行を生かしながら、徐々に不良債権を処理していく方針を取った。

このとき、大蔵省にあって金融危機対応の陣頭指揮を取っていたのが、杉井孝（銀行局担当審議官）であった。「スギイちゃん」との愛称で、銀行のMOF担で知らぬものとてない大物大蔵官僚である。ある種、伝説になっていて、44年（大蔵省入省）組のトップ、東大在学中に司法試験も通った俊英であるにもかかわらず、部下たちの面倒見もよく人望があった。本来、主計局を王道とする大蔵省にあって、主計局次長から銀行局の審議官ポストに出るといった人事は脇道に逸れるものだった。しかし、住専問題の処理などをめぐって大蔵省も本気になってこの問題に取り組む必要があり、杉井がその任を担った。

このスギイちゃんが「梶山10兆円構想」つぶしの尖兵であった。杉井審議官がタッグを組んで担ぎ上げたのが、宮沢喜一だった。元々が大蔵官僚であり、いわずと知れた金融・財政通である。中曽根政権から竹下政権にかけての大蔵大臣も務め、１９９１年には総理大臣となった。バブル崩壊後初めて「公的資金投入」に言及していたこともある。いわば大蔵省の切り札の政治家だった。ここで梶山対宮沢という構図が展開する。

「数字は嘘をつかない」

宮沢は後に小渕恵三に対して「ハードランディングなら誰でもできる」と言ったという。自民党は、その宮沢を本部長とする緊急金融システム安定化対策本部を設置した。梶山は、同本部の副本部長就任を打診されたが、それを断っている。自ら野にあって批判勢力となることを選択した。

宮沢が打ち出した策は、金融危機対応の私案という形で世に出てくる。

この当時の私のメモ（タイトル「宮沢私案の問題点」）が残っている。

「私案は、政府保証債を発行して、財政投融資に買い上げさせた資金を『預金保険機構』に流し込むスキームを考えています。問題なのは、この『公的資金導入』のやり方では、誰も責任が明確にならないうちに、資金投入が図られる点にある。宮沢私案の仕掛け人は、大蔵省が有力であり、大蔵省の行政責任が問われない卑劣なやり方である。『公的資金導入』とは自分からは言えない、大蔵官僚がOBの宮沢元首相に囁いたのが、真実ではないでしょうか」

橋本政権下では、梶山が言うハードランディング路線と宮沢・大蔵省連合のソフトランディング路線が鋭く対立した。

1997年11月26日、徳陽シティ銀行が経営破綻する。それ以前に、週刊文春誌上では、「あぶない銀行全公開」と題して銀行の経営危機を報じている（1997年1月30日号）。個別銀行を名指しすると取り付け騒ぎを誘発しかねない。そこで主要銀行の経営状況を客観的に示すために、縦軸に各銀行の株価、横軸に金融格付け機関「ムーディーズ」の財務格付けを配する表を作成してみた。このグラフを見ると、「あぶない銀行」は一目瞭然であった。主要銀行の配置はきれいなカーブを描いて現れる。そしてそのカーブの端に「北海道拓殖銀行」の名があった。銀行経営者がいかに経営状況を隠そうとも、数字は嘘をつかない。

現実に、「あぶない銀行」が経営破綻をしたことで、世上の空気は一変し、取り付け騒ぎが起こった。これまで公的資金、すなわち血税導入に反対していた世論の風向きも百八十度変わった。

ハードランディングにはほど遠い展開

あとは、公的資金の入れ方の問題となる。

大恐慌の折りに機能したアメリカの「ペコラ委員会」のような第三者機関を設置して、

銀行経営者や大蔵省をはじめとする行政当局者の責任を明確にしたうえで公的資金を入れる「梶山構想」。12月11日に、梶山は経済政策に関して宿敵である宮沢に会っている。宮沢私案に対して、梶山は「技巧に走りわかりにくく、国民不安心理を解消するには大胆でわかりやすい対策が必要だ」と説いたが、宮沢には受け入れられなかった。次に、梶山は橋本総理の説得にあたり、ついに12月23日に、政府保証の20兆円を加えて、30兆円の公的資金枠が設定された。翌98年の3月には、大手21行に対して、1兆8000億円が投入されることになった。

しかし残念ながら、事実上、梶山案は換骨奪胎されてしまう。これ以降の成り行きは、ハードランディングにはほど遠い展開となった。

98年6月、月刊「現代」の記事をきっかけに、日本長期信用銀行の経営危機が表面化し、金融危機はヒートアップする。そして、夏の参議院選挙で自民党は大敗し、橋本政権は退陣に追い込まれた。そして、梶山は総裁選に立つことになるのである。

総裁選出馬への決断

98年夏の参院選に敗れ、橋本龍太郎は政権を去った。政局の読みに疎いわたしは、「やっぱり小渕かな」と、小渕恵三政権誕生に流れが向かっていると漠然と感じていた。梶山からの呼び出しで7月16日木曜日午前10時から、議員会館でのアポが入っていた。会館の部屋の扉を開けると電話がじゃんじゃん鳴っていて喧《けた》たましい。秘書たちの顔はかつてないほどの緊張感に包まれていた。

「何が起こっているんだろう？」とこの時点でも、わたしの頭はボケていた。

「中曽根さんからお電話です」

「三塚事務所からです」

ひっきり無しの応対を余儀なくされている梶山の横にちょこんと座っていた。さすがに、そういうことかと感じ始めていたとき、梶山は物凄く怖い顔をして口を開いた。

「総裁選に立つことにした」

続けて、わたしの顔を見据えて言った。

「ついては文春の社長に頼むから、三年、補佐官をやってくれ」

総裁選……えっ、補佐官……総理補佐官と、このひとは何を言っているのか、理解が進まない。

「これはやり過ぎたかな」という思いと、ここまで政策を信頼してくれる梶山の熱意に呆然とした。否も応もない。受けるしかない。その刹那、「会社は辞めなきゃいけないだろう」と考えた。40歳にもなっておらず、まだまだ編集の仕事をやりたいと未練はあったが、金融危機対応にあって少しでもお役に立つのであれば、自分のことは言っている場合ではないだろう。その場で「はい」と返事をした（たぶん）。

一方で、勝つのは厳しいだろう、とも思った。しかし同時に、この角栄直参は「総理大臣を3年やるつもりである」ことも明かした。まもなく会社でプラン会議が始まる。出勤の途中で反芻したことがある。

政局の中軸は、次期総理の呼び声の高かった加藤紘一と、田中派—竹下派を相続した小渕派にあって番頭となっていた野中広務のラインが握っていた。そして野にあって吠えまくる梶山静六。ほんとうに偶然であるが、わたしは野中にも接点があった。おそらく6月ごろだったと思う。梶山とは政局に関しては会話をしたことがなかったが、思い切ってひとつの提案をしたことがある。

「たいへん僭越だと思うのですが、野中さんとはかねてからの知り合いです。いちど野中さんとお会いになりませんか」

3分ぐらい、梶山は考えていた。もっと短い時間だったかもしれないが、恐ろしく長い沈黙であった。ファイティングポーズを取りながら言った。

「オレは迎撃が得意なんだあ。（攻撃に）来たら、撃ち墜としてやる！」

帝国陸軍の航空士官候補生らしい回答で、にべもなかった。角さん直系を自認する梶山と、直参ではないまるで「陪臣」のような野中では格が違うのか。そんなことを感じていた。

たった二人を引き連れて派閥離脱

なぜか、梶山静六は、総裁選に小泉純一郎が立たないと信じていた。

これは、98年の自民党総裁選の最大の謎とされている。当時、経世会・竹下派は小渕恵三会長に引き継がれて平成政治研究会となり、依然として党内で大きな勢力を有していた。番頭格には野中広務が座り、橋本退陣後、やはり竹下派系で総裁ポスト＝総理大臣を押さえるべく小渕の擁立を目指していた。そして、竹下が後継総裁として小渕を推す。

小渕が立つと決めた直後、梶山は派閥である平成政治研究会を離脱する。一緒に派閥を出たのは、たった二人。佐藤信二（佐藤栄作元総理の次男）と菅義偉であった。議員会館で梶山がしきりに言っていたのを思い出す。

「もう派閥争いはしない」

自らに言い聞かすようだった。

率直にいって、わたしには理解できなかった。自民党総裁、総理を目指すならば、なりふり構わず派閥でも何でも数を集めなくてはならない。そんなことは、派閥を割って田中角栄に叛旗を翻した梶山が知らないはずもない。しかし、もう「派閥争いはしない」という。その真意は派閥単位での総裁選はせず、「派閥横断的な同志的な闘い」をするということであった。

当時、梶山陣営は、永田町のキャピトル東急ホテルに選対事務所があり、帝国ホテル内に秘密の選対本部があった。そこを訪ねてみると、麻生太郎と石原慎太郎が並んで歓談していた。政界のうるさ型として鳴り響く二人が梶山を推している。不思議な光景であった。そして、野田聖子や浜田靖一、小此木八郎、河野太郎、林芳正、高市早苗といった有力若手も梶山推しだった。

金融危機が進行している。かつて金丸信は派閥の後継者として三人の名前を挙げ、「平時の羽田、乱世の小沢、大乱世の梶山静六」とそれぞれの資質を評していたが、まさしく金融危機の大乱世にあって、梶山が政権を取りにいった。

「萱って言うんだ」

その日は朝早くから、キャピトル東急のロビーで梶山と政権構想について打ち合わせていた。その傍らに一人の男が立っていた。おもむろに紹介された。

「菅って言うんだ」

まだ一回生議員だった菅義偉だった。当時、50歳。いまとは違い、ちょっと小太りな感じでギラギラした叩き上げの雰囲気を強く醸し出していた。「戦闘的なひとだなあ」というのが第一印象だった。

後に総裁選に何度も関わる菅だが、既に一回生議員の時から総裁選に関わっていた。後年、菅は「梶山さんの時に（総裁選を）戦ったのは、本当に勉強になったんだよね」と言ったように、総裁選という独特の空気感の中での闘いは、菅を政治家として鍛えることになる。逆にいえば、一回生であるにもかかわらず、派閥を飛び出し梶山を応援するというのは勝算を考えたら、ふつう出来ることではない。そこは勝負師であった。

そもそも梶山と菅の出会いは、菅が秘書として仕えた小此木彦三郎の議員会館の部屋だったという。梶山は神奈川のドンだった小此木と親友同士だった。菅が梶山との出会いを教えてくれた。

「梶山さんが小此木事務所にやってきて、そこで昼飯をよく食べていたんだよね。そこで私も一緒に食事をしていた」

小此木が急逝してしまい、菅は梶山を頼ることになる。

もう一人、梶山と行動を共にした佐藤信二についても触れたい。佐藤栄作の息子であり、岸信介の甥として毛並みは抜群である。政界にあっては人の良さが裏目に出て、通産大臣経験者でありながら、実力政治家とは言われなかった。ただ、梶山のことを本当に尊敬していて、傍で見ていて不思議なくらいであった。かつて二階堂進が「趣味は田中角栄」と言ったことがあったが、それを彷彿とさせる。梶山は有言実行のひとだ。「派閥争いはしない」との宣言通り、経世会からの引っこ抜きに走ることはなかった。

政治ジャーナリスト・田崎史郎が梶山の生涯を描いた『梶山静六　死に顔に笑みをたたえて』（講談社刊）によると、この当時、「派閥メンバーの数で総理・総裁を争う時代はもう終わった」というのが、この政局に臨む梶山の基本認識だったという。これまでは「数は力、力は数」であり、田中派の主流を歩いてきた梶山には骨身に沁みた政治哲学だったはずである。その哲学を捨てようとしていた。それが実現すれば、自民党総裁選のあり方を根本から変えることになる。

「変人」の出馬で命運が決する

しかし、梶山の出馬表明から二日後の7月18日、小泉純一郎が総裁選への出馬を表明する。

梶山の当初の読みは外れた。当時、小泉が所属していた三塚派の亀井静香、中山太郎、平沼赳夫、石原伸晃ら幹部が梶山支持だった。その中堅・幹部クラスの押さえが利けば、小泉は出馬できない、はずだった。しかし、総裁選で三塚派が四分五裂するような事態を避けるため、派閥の候補が必要であった。かつ、小泉純一郎の田中派憎しは徹底していた。小渕派分裂の機会を逃さず、政治生命を賭けて総裁選出馬を決意する。派閥の事情と怨念で総裁候補に名乗りを上げたわけだ。

「軍人、凡人、変人」

田中真紀子が総裁選候補を評した三人が出揃った。その「変人」の出馬で梶山の命運は決まった。当然のことながら、アンチ小渕の票は割れる。しかし、前述のように、選挙戦は熱い闘いになっていた。中でも投票日前日、自民党本部で行われた立会演説会。いまでもYouTubeで見ることができるが、梶山の演説は凄まじい気迫が籠もっていた。少々長いが、梶山の金融政策への思いが伝わってくるので引用したい。

「冒頭にご指名を頂戴いたしました梶山であります（中略）。

過日の参議院選挙ではご案内のとおり、わが党は予想をはるかに上回る大惨敗を喫したわけであります。それは昨年、〇・七%というマイナス成長の経済、そして四%を過ぎる失業率、しかもそれがさらに悪化している今、これらに歯止めをかける有効な手段を私たちが持ち合わせなかったことに原因があります。そして現在、国民の皆さん方は、今日の生活のみならず、将来に大変大きな不安を抱いているのが、わが国の現状であります。その悲鳴にも似た苦しみ、怒り、こういうものを私たちが今まで真摯に吸収し得なかったことを、私自身、深く反省をし、この反省に基づいてこれからの政治行動を決していかなければならない、そういう決意で私は出馬を決意したわけであります」

橋本政権崩壊のきっかけとなった参院選の惨敗に触れ、政治家としてのあり方を語る。

「私たちはいろいろな政策を掲げる前に、まずもって自ら厳しく反省をいたし、そして国民の前に、今日までの私たちの政策の決定のあり方、実行のあり方、こういうものに対して鈍感であったことに反省を込めて謝罪をいたさなければなりません」

これほど率直に謝罪する政治家はなかなか居るものではない。そのうえで梶山は金融政策についての持論を語る。

「いろんな対策が後手後手に回っている」

「いまなによりも緊急なことは、日本の不況を克服、脱却し、経済の発展を請い願わなければなりません。いろいろな将来に向けての展望はあります。国際化に備える、活力社会をつくる、そして秩序ある立派な日本を形成する、そういう目標に向かって、今日的な課題は何かというと、この不況の脱却であり、景気の回復なのであります。やがて、将来に私たちが明るい希望が持てるならば、国民経済は一朝にして回復ができるはずだ。しかし、目下のところ、残念ながら先に対する展望がないために、消費は低迷し、いろんな対策が後手後手に回っていることはご案内のとおりであります。

その根幹を成すもの、すなわち金融の不良資産の解消をいたさなければ、景気を上向きにさせることはできないわけであります。皆さん方もよく言われているとおり、金融は産業の血液であり、そして血液を送り出す心臓部である金融界が健全でなければ、いくら四肢その他が健全であっても、血液が回らなければ壊疽《えそ》になることは当然であります。

誰しも大改革は苦手であります。能う限り安易に道を渡りたいと思うのは当然でありま す。そして、私たちはこのバブルの崩壊後、七年も八年も、何とかなるだろうという思いで、その場、その場の対策を講じてまいりました。いくたびか不況に対する対策のために追加の予算を組み、その都度、効果は上げてまいりましたけれども、残念ながら根本をなす治療には至っていないわけであります。むしろ、その深刻さは年々歳々深まっております」

金融政策の核心

その後、日本経済が辿った経緯を考えると、実に感慨深い発言である。そして金融政策の核心に迫っていく。

「私も内閣官房長官にあって、橋本内閣を支えてきた一人であります。住専を解消すれば金融界は概ね大丈夫だという、その説明を鵜呑みにし、今日まで対策を怠ったというより、むしろ、そんなことは必要がないとすら思ったわけであります。将来へ向けての財政再建は何よりも大切だと、今でも私はそう思っておりますが、今の不況の克服、この危機的な状況の突破ができなくては、将来の展望は開けない。これは誰しもご理解がいただけるし、昨年の秋以来、数次にわたるいろいろな対策はしたけれども、この根幹にメスを入れなくて、その発展、解消はあり得ない。これをいたすことが今は何よりも大切でありま す。往々にして私が金融界に対して厳しい対策をいたせば、金融界はもちろんのこと、これに関連をする産業界も、果たしてわが企業は大丈夫かという心配をされます。いたずらに私は危機感を助長するわけではありませんが生々《せいせい》とこの不良資産の解消に具体的な対策を講じてやらなければならない」

住専問題への対応の失敗に言及し、かつ不良債権処理を最優先とする。

「今、政府与党はようやくその対策を講じつつあります。しかし、あの素案を見てみますと、まだ入り口と出口がない（中略）。ディスクロージャー、情報の開示が果たしてどうやったらできるのか。情報がなくてやることができるのか。私は公金を導入する以上、一種の経営責任や行政責任は当然ついて回るものと考えております。これがなくて国民の税金を使うわけにはまいらない。その国民の憤りを感じませんと先を誤ることになる。これまでのように何としてでも銀行の血は流さない、どういうことがあっても銀行は守るんだということで国民経済を守り通せるならば、その方はその方法でやってみればいい。しかし、その方法で果たして国民経済を守れるかどうか。残念ながらそうまいらない。債務超過の銀行は残念ながら引退を願うほかにない。そして、危険水域にあるものに私たちは公金の導入をしながら、これを健全化していかなければならない。その健全化をするために、公金の導入をするならば当然、金融界は公の一つの指導のもとに行わなければならない。これは当然の帰着であります。そういうものを視野に入れながら、金融の健全化を図ることが産業の新たな復興のための第一歩を占めるものと、私は確信いたしているわけであります」

持論であるハードランディングを重ねて主張し、一刻も早く金融の再生を図ろうという。このあと、産業界に対しては、銀行治療中は産業界への手当て（失業対策、貸し渋り対策）を手厚くしながら、二ないし三％程度の成長を目指す。同時に、貿易立国、科学技術立国の再建を図る。日本の根幹的な「モノづくり」の経済を守ろうという。

新たな産業が必要

「そして、望むべきものは、この不況の脱出、景気回復が目的であります。金融の秩序回復はその手段であります。手段を間違えますと、いつまでたっても景気回復は不可能になってまいります。私たちはそういうものを行いながら、将来に向かって実質、二ないし三％程度の成長を目指していかない限り、すべての矛盾は解決ができない」

そして、「モノづくり」を守るためには、新しい産業を興さなければならないという。これまでは自動車、電機、機械で輸出の六割を保ってきたが、空洞化が進んでいる。なぜなら、国の三つの根幹であるエネルギー、鉱物資源、食料に20兆円のコストが掛かっているから、これを確保するには新たな産業が必要だという。

「将来に科学技術立国をし、特許をもっともっと振興させ、新しいソフトやバイオの技術を駆使しながら、新しい日本の産業形成をやる。これが今の緊急な対策ではないかと思います」

ここまでが梶山の政権構想である。そして、総裁選への政治家として決意を語り始めた。

「この私の屍を乗り越えて、皆様方に日本の将来を築き上げてほしい」

「若干時間がまだ残っておりますので、私なりの人生観を申し上げたいと思います。私は今回、立候補した中では、お二人方と比べますと年齢は、正味七十二歳になっております。かつて戦争中、命をかけても悔いがないという思いで軍籍に身を投じ、敗戦を満州で迎えた人間であります。どんなことがあってもあの戦争だけは避けなければならない、これが私の根幹にあります。そして、戦後、兄貴と一緒に小さい零細企業をやりながら生きてまいりました。しかし商売をやりながらも、あるいはその後、昭和三十年に県議会議員に出ながらも、私たちの社会は、国家は、今年よりは来年、来年よりは五年後、一〇年後……。間違いなく活力があふれて、豊かで幸せな国になれるということを確信してやってまいりました。

しかしここ数年、果たしてこれで良かったのかという反省が起こってまいりました。そして今、目の前を覆う真っ黒な雲、雷雲にも似た国民の悲鳴と怒りの実情を見るときに、私の人生は正しかったのか、私の政治活動はこれでよかったのか。今、自問自答いたしております。私は五〇年を経ますといろんな、変遷がある。しかし、あまりにも坦々たる道を歩んで、その先にある崩落に気がつかなかった。私が今、やらなければならないと考えているのは、私個人からいっても、この戦後五〇年の歩みを否定したくない。今ここで誤りがあったと見えても、それは、一時のことであり、この難局を乗り越えれば解決できる。そうして、次の世代に私たちが夢みた社会を残したい。この一念があるからであります。

平常であれば、私ごときものがこの時期に立候補するということは大変不自然なことかもしれません。しかし、私は、経済回復の初動である金融の安定化に、自らの命をかける思いでやることが、私に課せられた最後のご奉公と考えております。先輩・同志の皆さん、お互いに素朴な情感を抱きながら今日まで生きてきた人間であります。私が申していることは、いわば私の政治的な遺言であります。これから命をかけて行ってまいりますが、あるいは途中で倒れるかもしれない。その時には、この私の屍を乗り越えて、皆様方に日本の将来を築き上げてほしい。そう思う一念で、今、同士の決起に応えたわけであります。どうか、皆さん方の心からなるご支援、ご理解を頂戴をしたい（中略）」

最後に改めて、国民に誓いを立てた。

「この緊急課題に取り組む以上、政治には一日の停滞も許さない。今どんなことがあっても衆議院の解散をしている余裕はない。このことだけはみんなで覚悟して、どんなに苦しくとも『韓信の股くぐり』をしながらも、政治の大目的である不良債権の処理、不況の脱出、景気の回復、この道筋を立てるために、党の先頭にお互い立とうではありませんか。私も微力ではありますが、死力を尽くしてやることをお誓い申し上げ、皆さん方のご共鳴を頂戴したい。よろしくお願いいたします」

梶山は、未曽有の金融危機に際して言うべきことを言った。そして敗れたのである。

まったくの無役となる

翌日の投票結果は、大方の予想を覆して小泉を押さえて第二位であった。
小渕恵三２２５票　梶山静六１０２票　小泉純一郎84票
7月30日、後に「金融国会」と名付けられた第１４３回国会の冒頭で、小渕恵三が総理大臣に指名された。参院では菅直人が指名されるほど、与野党伯仲のなかで危うい首班指名であった。この国会で、金融早期健全化法と金融再生法が可決される。梶山が火を付け、世に問うた政策が不本意ながらも形となった。特に金融再生法の採決に当たって、小渕総理は野党・民主案を丸飲みしてようやく可決に漕ぎ着けた。金融政策に対してポリシーも何も感じられない小渕総理の経済センスは無残なものだった。すなわち、不良再建処理のハードランディング政策は隅に追いやられたのである。

梶山は人事でも、小渕総理から徹底的に干された。政界に入ってこんなに冷遇されたことはかつてなかったであろう。ご意見番が集う自民党総務会のメンバーも外された。まったくの無役だった。しかし、当時の梶山はどこか達観しているというか、恬淡とした風情があって、実にいい顔をしていたのが印象的であった。

三和銀行に刺された杉井孝

話は前後するが、梶山と金融政策をめぐって真逆の立場をとった大蔵省の杉井孝は、この年の4月に役所を去っている。これまでの大甘の金融検査の責任を負う大蔵省と日銀は、東京地検特捜部によって強制捜査を受ける。官僚7人が逮捕された。この大蔵省接待疑惑の中心的人物として杉井は世間の指弾を浴びた。梶山が唱えた行政責任を自ら襟を正すかたちではなく、代わりに司法当局が責任追及を行ったことになる。停職処分を受けて辞職、弁護士に転身した。

余談ではあるが、このとき杉井の接待話——例えば、佳境亭でのツケ回し等——を地検特捜部にリークしたのは三和銀行の幹部たちだった。前述のごとく杉井は省内の人望がひじょうに厚い。この十年にひとりのエースと呼ばれた杉井を売った三和銀行は、金融再編の際に徹底的に当局にマークされる。当時、「三和を絶対に潰す」と大蔵省中堅幹部から直接聞いたことがある。実際、三和銀行が東海銀行と合併したＵＦＪ銀行時代に検査妨害で逮捕者を出したりと、金融庁から目の敵にされた。そして２００６年、東京三菱銀行と合併に至り、三和銀行は実態として消滅する。身内をやられた大蔵省、このあたりはハードランディングな対応であった。

『破壊と創造』の執筆

『破壊と創造』というのが、その本のタイトルであった。梶山は政治家人生を総括すべく、政策本の執筆に熱中していく。

「実はこんど勲章をもらうことにした」

梶山は議員会館でわたしに打ち明けた。正直、もう政界を引退するのか、とがっかりした。99年11月3日に勲一等旭日大綬章を受章する。その祝賀パーティに間に合わせるべく、梶山は執筆を重ねていく。梶山のブレーンたちが総動員されたが、及ばずながらわたしも金融政策、経済政策の章の執筆をお手伝いすることになった。目次を拾ってみよう。序章「失われた十年」と「これからの十年」、第一章　経済再興への道、第二章　産業を興せ——新しい資本主義の国家プロジェクト、以下、年金、地域主権、外交戦略、防衛論、道義ある日本人を育てるといった項目が並ぶ。まさしく梶山の渾身の政権構想であった。とくに、序章はいま読んでも人のこころを熱くする詩想豊かとも言うべき演説が聞こえてくる。そう、梶山はああ見えて詩を愛し、文学的なところがあった。一部の引用をお許しいただきたい。

「比喩的な話だが、いまの政治家に、西郷隆盛と大久保利通のどちらが理想か、ときいてみればいい。大半が大久保と答えるだろう。しかし、政治の役割分担からすれば、かつて親友同士であった西郷と大久保は、二人で一つの国家を創ったのである。ある意味では、西郷が破壊し、大久保が創るほうの役割を担った」

そして、この本のテーマをこう示した。

「破壊がなければ、創造は生まれない。破壊など野蛮な手法だと説く人は、あらゆる面ですでに日本の奥深くで進行している『無秩序な破壊』が、日々生み出している罪を直視していない。

にもかかわらず、いまの政治家は皆が大久保の役割だけを熱望しているのである」

「破壊」こそが重要――四半世紀近く前の言葉がいまも新鮮に聞こえる。

「無責任のキャッチボール」を断ち切る

以下、『破壊と創造』の中から今日の政治課題に直結する三つの論点を拾い出してみたい。

まず第一に、自らが実現しようとして果たせなかった金融政策への思いである。

「私はこの数年、日本の危機、とりわけ金融危機を打開するには、潰すべき銀行は潰し、統合すべきは統合すべきだとする『ハードランディング（強行着陸）』手法を主張してきたが、いまさらに反省するのは、より強力にそれをいうべきだったということである。

たしかにハードランディングによる痛みは大きい。しかし、当面の悪影響をおそれ、泥をかぶってでも改革を進めようとしないのは、政治家の典型的な不作為の罪である。天文学的な公的資金を金融機関に注入しながら、金融システムの改善にはほど遠いことに対しても、結果責任を問われるべきである。銀行という私企業に国民の税金をつぎ込んだのは、金融システムが日本経済の動脈、つまり共有の財産だからであって、個々の銀行のバランスシートをよくするためではなかったはずだ」

現在にも響く言葉ではないか。

「『銀行は潰さない』という大蔵省の方針は、日本経済を守る大義名分のように見えて、実はそれぞれ担当の局長なり課長なりが自分の任期中にはババをつかみたくないという保身以外の何物でもなかったことが明白になってきた」

そこで具体例を挙げながら、金融システムの分析を重ねつつ、最後にこう結んでいる。

「現在に至るまで、政治家、官僚、経済人による『無責任のキャッチボール』は、完全に断ち切られることなくつづいている。私のいうハードランディングの真の意味は、この悪循環を終わりにしようということにほかならない」

ここに梶山の真の狙いがあった。単に銀行を潰せと言っているのではなく、「無責任のキャッチボールを断ち切る」ためのそれであった。はたして令和の我々の世にあって、この悪循環を終わらせることができているのか。デフレからインフレになってもいつまでも転換できない「異次元金融緩和」、GDPの倍も借金があるのに際限なくつづく毎年の国債発行、エネルギー危機が再燃しようとしているのにつづくインフレターゲット――破壊をせずにババを摑みつづけているのではないか。

有名な話ではあるが、梶山の一番弟子である菅義偉はずっとこの『破壊と創造』を読み込んできた。官房長官時代、「何度も読んでいるんだよねえ」と呟いていた。菅は誰もが耳に心地好いスローガンを掲げることはしない。だが、この「破壊」を率先して志してきたように見える。

菅が手掛けた、農業・水産業改革などその最たるものだろう。農協や漁協の下僕のようになっていた族議員や官僚たちを排除し、六十数年ぶりという農業基本法改正や漁業権に制限を加えるといった改革を実施している。菅の言うところの「改革」とは、この「無責任のキャッチボールを断ち切る」ことに他ならないのではないか。

金融政策のDNA

『破壊と創造』の第一章「経済再興への道」では、「日本経済再生のシナリオ」がより具体的に記述されている。やはり金融再生を第一に掲げているが、注目すべきは銀行の不良債権額を「およそ120兆円と試算した」点だ。大蔵省の試算が約28兆円であるから、その乖離が窺える。その結果をわたしたちは既に知っている。100兆円を超える不良債権

（1992年から2007年まで償却された、あるいは残っている不良債権の総額は109・6兆円にのぼった）のインパクトは、大手21行がメガバンクの三つプラスりそな銀行の四行に集約されてしまったことを見てもわかる。跡形もないとはこのことである。しかし、このハードランディングは、小渕内閣では果たされず森喜朗内閣を経て、2002年、小泉純一郎内閣の竹中平蔵金融担当大臣が手掛けるまで実行されなかった。

竹中が策定した「金融再生プログラム」は以下を基本方針としている。

「銀行の資産査定を正しく行って、不良債権、自己資本の額を明確にする。そのうえで自己資本が不足しているなら、銀行を救済するためでなく金融システム全体の破綻を防ぐ観点から明示的に公的資金を注入する。その際、必要な責任追及を明確に行う。このような当たり前の政策、世界中で金融危機の際に取られてきた当然の施策を、どうしても行わなければならなかった」

竹中「金融再生プログラム」の中身は「金融ルネサンス」と同じものである。このとき、既に梶山はこの世に居ない。しかし、その政策のDNAは残ったとも言える。

「デフレ経済」とは何か

第二には、この本の中にはこの国の将来を暗示する一文がある。「デフレ経済」への対応についての言及である。

「従来ならば、『右肩上がり経済』のなかで、政府が財政出動をし、金利緩和をしばらくつづけていれば、『景気循環論』によって、経済はふたたび成長に向かった。だが、このたびの不況はこれまでの不況と根本的に異なっている（一部略）。

『右肩上がり経済』の時代においては、消費拡大―生産設備拡大（設備投資増）―給与上昇―消費拡大といったプロセスを経て、全体のパイが大きくなってきた。この良質の循環が、『好景気』である。ところが現在は金融システムの停滞、戦後最大の景気（バブル経済）の反動による大不況とが相乗効果となり、経済の良質な循環を止めてしまった。いや、逆回転しはじめているといったほうがいいのかもしれない。『デフレ経済』である」

「デフレ経済」とは何か。

「消費縮小―生産設備廃棄（縮小）―賃金下降―消費縮小と、日本経済は好景気とは逆のベクトルで動き出してしまった。この悪質な景気循環、『逆回転の経済状況』は、いったんはじまってしまうと止めるだけでも難しい。さらに、この逆回転をふたたび、『良質な景気循環』にしていくためには、とてつもないコストと時間がかかる」

すでに20年以上、デフレ経済を経験しているわたしたちは、この意味は十分にわかっている。
「振り返ると、九七年末の時点では、『金融システム』さえ復興すれば、なんとか景気回復にもっていけるという段階であったように思う。しかし、今日では、たとえ銀行を再建したとしても、景気の回復はたやすく望めない状況に陥ってしまった。症状が一歩進んでしまったのである」（『破壊と創造』より）
２０２４年、日本経済は重症となってしまった。大蔵省の当局者が後知恵で書いた論文のなかには、当時の「１９９７年当時の不良債権額は過少ではなく、その後、増えた」といった言い訳をしたりしているが、経済政策はタイミングが命である。果敢に外科手術をしなければならないときに、漢方薬を飲んで先送りしてしまったようなもので、病状は取り返しがつかないほど進んでしまったわけだ。
「デフレ経済」に陥った日本経済は、その後、禁じ手の「異次元金融緩和」に手を出し、さらに、信じられないほどの財政出動（コロナ禍で致し方ない時期はあったが）を行い、国の借金は国内総生産の二倍近くを費やしても脱却できなかった。梶山の言う「デフレは陰気な化け物」で、実に恐ろしい。そして、２０２４年に入っても、とても「良質な景気循環」とは言い難い「インフレ」が起きている。ウクライナ戦争による資源高、そして円安によるエネルギー調達コストの急増と物価高が重なり、「コストプッシュ型インフレ」と呼ばれる「陽気な化け物」に直面している。

「調整インフレ」策は邪道

加えて、『破壊と創造』が指摘している経済政策通史として重要な点を挙げたい。「デフレ脱却」のために「調整インフレ」を検討したことだ。

「この悪循環を決然と断ち切らず、それでも三者（政治家、官僚、経済人）がなんとなく丸くおさまりそうな魅惑的な方法が一つある。デフレスパイラル（物価の下落と景気の悪化が同時進行する状態）に陥っている日本経済に、人為的にインフレを起こそうという禁じ手だ」

既にお気付きのとおり、この人為的にインフレを起こそうと意図したのが「アベノミクス」であった。梶山もその手を考えてみたが、「王道」ではないと諭してくれたのが竹下登だったという。

「自民党の国対委員長室で話し込んでいたときのことだ。私が『年率五パーセントのインフレ』をいうと、竹下さんも、『まあ二、三パーセントくらいに歯止めをきかせられれば……』と同調されかけた。ところが、しばらく経つと、さすがにじっくり研究されたのだろう、インフレを最後の解決策にするのは邪道だと、私をたしなめたのである」

竹下と梶山。毀誉褒貶はあるが、日本という国の経済をリアルに感じられた世代の政治家は、この「インフレターゲット」に警告を発していたのだ。その理由をこう示す。

「だれの目にも明らかなように、インフレによって短期的な負債を圧縮できたにしても、金利の上昇を招き、通貨の大量発行と円の下落を誘発する可能性は大きい。これによって日本の国際競争力が低下すれば、大競争時代で生き残っていけないのは明白だ」

「インフレというのは、一歩誤れば日本が急激な衰退国家への道を歩みかねない劇薬である。たしかに適度のインフレは薬になるが、インフレをコントロールする政策技術は、議論されてはいても、いまだ完成されていないのだ」

そうではないとする経済理論はある。しかし、2012年からこの調整インフレ政策をとり続け、いま現在の日本経済が正常化したかといえば、そうだとは言えないだろう。第二次政権の安倍総理は、この悪魔のささやきに心奪われてしまったのではないだろうか。

金融政策上、戦後経験したことのない「異常事態」

第三に挙げたいのは、「ゼロ金利政策」への戒めと同時に、財政赤字にも警告を発していることだ。

「国債を発行することはすなわち、金融市場から政府が資金を吸い上げることを意味する。資金が政府に集まり金融市場に資金が不足すれば、需要と供給の関係によって、金利が上がっていくことになる」

しかし、この10年、金利が上がってこなかったのは、日銀をはじめ公的セクターがほとんどの国債を買ってきたからだ。

このような状況下で長期金利が上昇したら、どうなるのか。

「日銀は九九年二月からは、短期金利についていわゆる『ゼロ金利政策』をつづけている。金利がゼロということは、銀行は日本銀行から借り得といった状況ができている。低い金利で資金を集められる銀行は、これでしのいでいるといってよい。金融政策上、戦後経験したことのない『異常事態』である。それが、いつのまにか、『当たり前』となってしまっている。しかし、長期金利が上昇に転じれば、短期金利との政策の整合性がとれなくなり、ゼロ金利政策は放棄せざるをえなくなるのは、自明の理だろう」

この2000年の時点での梶山の警告は、2024年に入って現実のものとなった。さらに警鐘はつづく。

「第二段階では異常な円安に振れる可能性がある。今度は財政赤字の巨額な規模そのものが国外からの信用を失い、日本からの資産引き上げ、下手をすれば国内資産の外国への逃避すら起こりかねないのである」

20年以上前のアラームがいま鳴っている。現在、国民がドル預金や外国株投資に積極的にシフトする姿が、それを証明している。

自民党の「田中政治」が終わる

2000年4月2日、小渕恵三は、小沢自由党との連立交渉決裂の直後、脳梗塞で倒れ、5月14日に亡くなった。このとき、総裁選で二位だった梶山は既に病床にあり首班後継は叶わなかった。そして静六の名の通り、6月6日に逝った。竹下登も膵臓癌により、同じ月の19日に息を引き取った。

竹下派の重鎮たちが相次いで亡くなったこの年、自民党の「田中政治」は終わりを告げた。自民党は福田派の流れを汲む清和会が主流となり、二軍の時代に入ることになる。

筆者に背中を押され、
月刊「文藝春秋」で「新党結党宣言」をして、
あれよあれよという間に非自民連立政権の総理に。
のちの２００９年政権交代につながる「選挙制度改革法案」
を成立させるのと引き換えに、政権はついえた。
戦後政治のターニングポイントと呼ばれる
連立政権成立と崩壊の経緯について、
本人はいま何を語るのか。

第四章 細川護熙

貴種のひと

「私の祖父や父の育った下屋敷は、朝から雨戸を開け始めて昼頃に開け終わり、それから閉め始めて夕方になるような家だったとよく聞かされました」

結党宣言から十数年のち、月刊「文藝春秋」の「細川家のたから」と題した連載企画の打ち合わせで聞いた話である。とてつもなく浮き世離れしているし、ひょっとしてジョークなのかもしれないのだが、しかし、彼の口から語られると少しも厭味な感じがしない。

振り返れば、最初の出逢いから違っていた。

「細川護熙です」

差し出された名刺には、肩書が記されていなかった。

スーツ姿がまずもって颯爽としていた。やはり普通のひととはオーラが違うというか、こころに響くものがあった。

細川護熙、このとき52歳。宮沢喜一内閣の下に設置された第三次臨時行政改革推進審議会（行革審・鈴木永二会長）の「豊かなくらし部会」部会長であった。

何より、これまでの人生で会ったことのない貴種のひとである。細川家を辿れば、平安

郵便はがき

料金受取人払郵便

小石川局承認

1162

差出有効期間
2026年9月9日
まで

112-8731

東京都文京区音羽二丁目
十二番二十一号

講談社
第一事業本部企画部
ノンフィクション
編集チーム　行

★この本についてお気づきの点、ご感想などをお教え下さい。
(このハガキに記述していただく内容には、住所、氏名、年齢などの個人情報が含まれています。個人情報保護の観点から、ハガキは通常当出版部内のみで読ませていただきますが、この本の著者に回送することを許諾される場合は下記「許諾する」の欄を丸で囲んで下さい。

このハガキを著者に回送することを　許諾する　・　許諾しない)

TY 000077-2406

愛読者カード

今後の出版企画の参考にいたしたく存じます。ご記入のうえご投函ください（2026年9月9日までは切手不要です）。

お買い上げいただいた書籍の題名

a　ご住所　〒□□□-□□□□

b　お名前《ふりがな》

c　年齢（　　　）歳

d　性別　1 男性 2 女性

e　ご職業（複数可）　1 学生　2 教職員　3 公務員　4 会社員（事務系）　5 会社員（技術系）　6 エンジニア　7 会社役員　8 団体職員　9 団体役員　10 会社オーナー　11 研究職　12 フリーランス　13 サービス業　14 商工業　15 自営業　16 農林漁業　17 主婦　18 家事手伝い　19 ボランティア　20 無職　21 その他（　　　）

f　いつもご覧になるテレビ番組、ウェブサイト、ＳＮＳをお教えください。いくつでも。

g　最近おもしろかった本の書名をお教えください。いくつでも。

時代前期、清和源氏の一人である貞純親王（清和天皇第6皇子）にさかのぼる。細川家の祖となる藤孝（幽斎）は、戦国大名であるにもかかわらず茶人としても知られ利休の高弟であり、二条流の古今伝授を受けたほどの戦国時代きっての文化人であった。母方を見渡せば、五摂家筆頭の近衛家。いわずと知れた天皇家にもっとも近しい家系である。

そんな血脈の御仁が「新党をつくりたいらしい」と編集長から言われた。当時、わたしは月刊「文藝春秋」編集部に配属されて2年目、32歳。何ごとかとピンと来なかったのだが、当人にお目に掛かると不思議な磁場があった。1992年3月末、場所は乃木坂にある細川の事務所だった。これまでの政治家のイメージとはまったく異なるので、どう接していいのか要領がわからない。しかし、新党の結党趣旨に関しての論文はすでに緻密なかたちで推敲され出来上がっていた。わたしはこう切り出した。

「われわれ編集部としては、何がなんでも『新党宣言』というかたちにしていただきたいと考えています」

「こんちくしょう」の全盛時代

まず、この時代の政治状況を理解していただく必要があるだろう。

田中角栄が率いた派閥「木曜クラブ」。そこから竹下登を担いで割って出たのが創政会、のちの経世会である。田中派が割れた直後の昭和60年（1985年）2月に田中が脳梗塞で倒れる。そうなると雪崩をうつように「木曜クラブ」は力を失い、自民党の主導権は竹下ら「経世会」に移った。平成元年（1989年）8月、海部俊樹を総理に担いで我が物顔で政界を仕切ったのが、金丸信、竹下登、小沢一郎であった。彼らの事務所はそれぞれパレロワイヤル永田町、秀和TBRビル、十全ビルと近接しており、その三人のトライアングルで政治の流れを決めていた。永田町雀は「金竹小（こんちくしょう）」と俗称していた。

その海部総理が「政治改革」に政治生命をかけて解散・総選挙をやろうとした矢先、官邸に乗り込んだ小沢が、紙切れ一枚を渡して解散を封じ込めたエピソードは有名だ。当時のオフレコメモによると、小沢が海部総理のことを「神輿は軽くてパーがいい」と言い放ったというが、逆にいえばそれだけ政治的パワーがあったということだ。つづいて宮沢喜一を担ぎだし総理に据えたが、実権は依然として金竹小が握っている。角栄亡きあとも「田中型政治」が永田町を壟断していた。

中曽根政権の後継を狙った安竹宮（安倍晋太郎・竹下・宮沢喜一）につづき、次代を担うことになるYKK（山崎拓・加藤紘一・小泉純一郎）はまだまだ足元が固まっていないときである。三角大福中の五大派閥のうち、三木派は河本派に、大平派は宮沢派、福田派は安倍晋太郎が亡くなり三塚（博）派と加藤（六月）派に分裂、中曽根派も渡辺（美智雄）派に引き継がれていた。前述の見立てで示したように、五大派閥といっても竹下派が圧倒的な一軍である。総理大臣であった海部も宮沢も「担がれてなんぼ」の状況であった。

リクルート事件や他の疑獄事件で「政治とカネ」の問題が繰り返されることに関して、国民は飽き飽きしていた。何より政治改革が求められていた。

そんな「こんちくしょう」全盛時に、細川護熙はある決心をする。

「当時は行革審の部会長をやっていましたが（熊本）県知事のときから、国から不当に縛られていると感じていて、本当の意味での地方自治がないことにずっと腹立たしい思いがあったんです。熊本では、バス停ひとつを5メートル動かすのも国の許可が必要だとか、そんなアホな話がたくさんあった」

地方から中央に対しての怒りが積もりに積もっていた。

「『狂人走不狂人走』という軸を好んで掛けていました。江戸前期に大徳寺にいた清巌宗渭《せいがんそうい》禅師の言葉です。一人が走り出せば皆がそれに習って走り出す意です。（政界は）口舌の輩ばかりで木陰から鉄砲を撃つようなひとばかりでしたから、ここは自分が走ろうと。冒険をやらなくては意味がない。ドン・キホーテのように走り出す。桶狭間のような合戦をやらなくちゃいけない。派閥政治といったものへの嫌悪感も強かった。ならば、ひとりでもいいから政党をつくろう。そこは単騎で駆けていく。それが新党でした」

「角さんの子分が新党？」

この細川の言葉を、わたしなりにこう受け止めていた。

平成4年（1992年）であっても、55年体制、自民党政権は歴然とつづいている。田中角栄から離反したものの竹下登は「田中型政治」を継承し、リクルート事件で内閣を下りてはいたが、自民党内で圧倒的な「強者」だった。細川はそこに割って入って「狂者」となって新しい政党をつくるという。なるほど桶狭間のようで、勝算は「薄い」というより「無い」と言っていいほどだ。のちに新党宣言すると聞いた共同通信のある編集担当役員などは、最初から怒気を含んでいた。

「角さんの子分だった細川が、新党をつくるって言ってもなあ」

まったくニュースバリューがないと言う。うまくいくはずがない、金丸・竹下に潰されるだけだという認識だ。この考えは当時の政治記者たちを代表するものだった。

事実、細川は田中角栄の世話になっていた。細川自身の回想。

「政界（1969年衆議院選挙）に出ようと考えて最初に吉田（茂）さんに相談したところ、

佐藤栄作さんを紹介してくれた。佐藤さんは『熊本は松野頼三や松前重義がいるし、各派閥がみんないる。ここは田中君のところにワラジを脱ぐしかない』と紹介状を書いてくれたんです」

吉田、佐藤――いずれも保守本流の総理大臣経験者だ。細川はこのとき31歳。その紹介状を持って田中の下を訪ねた。目白の御殿は陳情客でごった返していたという。しかも細川家（下屋敷）と田中の家は本当にお隣さん同士だった。

「『よう来た、よう来た』と言って歓待してくれました。（松野）鶴平（頼三の父）さんの話や熊本の名物の話なんかしてくれましたね。それから月に一度ぐらいお邪魔するとかならず財布から20万円を出してくれました。政治をやると言って（細川家から）勘当の身でしたから、非常に有り難かったです」

ひとりで角栄邸に乗り込む

角さんの思い出は尽きない。

「夏、軽井沢にいるとき、『おいゴルフいくぞ』と言って秘書官から電話があると、もう玄関に車が着いているんですから（笑）。あるとき、大平正芳さんと木内昭胤さん（外務省・元田中総理秘書官）と私の四人で回りました。きっと二人とも秘書みたいなものだったから、何を話しても大丈夫と安心されていたんでしょう。サイレンを鳴らして走るようなゴルフで、ボールがグリーンに乗ったら終わり。いつも2ラウンドは回るので、前の組をどんどん追い越していく。まあ、ゴルフというか、早駆けのお供をしているようなものです」

ちなみに細川は、昔はシングルプレイヤーなのだが。

「私は角さんとはそういう付き合いではありました」が、ロッキード事件や金脈問題で追い詰められたとき、「僭越ながら」と、田中角栄に忠告しにいったそうだ。

「ここは角さんには、ひとまずお引取り願ったほうがいいと思って、ひとりで田中邸に乗り込んで帰宅を待ち構えていたんです。酔って帰ってきた角さんに『言いにくいことですが、こういう状況では一旦退かれた方がいいと思います。ドゴールもアルジェの問題で退いてパリから五百キロ離れた、コロンベ＝レ＝ドゥ＝ゼグリーズにいちどは隠棲したがカムバックしたじゃありませんか。ニクソンもカリフォルニア知事選にも当選できなかったのがカムバックして大統領となった。そういう間をもって英気を養っていただいた方が、遥かに素晴らしい活路が開けるのではないでしょうか』と言ったんです。そうしたら不機嫌な顔はしていましたが、『お前の言うことはわかった』とだけ言われました」

当時の細川は、角栄に叛旗を翻すような竹下のやり方はかなわんと考えて、田中派には嫌気がさしていたそうだ。それゆえ中央政界から去り、1983年に熊本県知事となった。二期8年務めたが、「権不十年」を唱え、知事の職も投げ打ち、臨時行政改革推進審議会（行革審）に身を置いていたわけである。

既成政党の離合集散では打開できない

結党宣言を書いたのはもちろん細川自身だが、ブレーンとしては政治学者の重鎮であった香山健一（学習院大学教授）と、細川の朝日新聞時代の先輩だった安藤博らがいた。彼らが論文に手を入れることもあったという。著名な編集者である松岡正剛も参画していた。その中身（文藝春秋1992年6月号『自由社会連合』結党宣言」）を簡略にご紹介しておく。

「国際情勢がかつてない激動に見舞われているなかで、日本の政治状況は、幕藩体制下の鎖国のなかに、惰眠をむさぼっていた幕末の状況と酷似している」という書き出しで始まる。たしかにベルリンの壁が崩壊し、戦後の米ソ冷戦構造が音を立てて崩れた時期であった。

「日本の既成政党は、与野党ともに内外情勢の激変に対処する意志と能力を失ったまま、集権的官僚システムに寄生してひたすら利権を求め、『政治改革』の掛け声を繰り返しているに過ぎない」と強烈に批判し、既成政党は「国民の大多数が求めている真にゆたかな生活の実現と、国際社会と共存共栄できる新しい社会体質への転換を妨げている最大の構造障壁」と断じる。その既成政党の離合集散では危機的状況は打開できず、「改革のためには、『保革対立』構造を超える第三の道、新しい政治理念と広い国際的視野、清新な政治的リーダーシップをもった新しい政治集団の結成以外には最早残された道はない」

だから新党、なのだ。そして、「私は志を同じくする多くの友人たちとあい携えて、（中略）政治理念と政策プログラムを持つ、柔軟なネットワーク型の新党――「自由社会連合」（仮称）の結成を決意した」と高らかに宣言する。

当初から編集部が望んでいた「新党名」は仮称ではあったものの、具体的な政党名が入っていたことに安堵していた。党名が入らないと、細川の政治家としての覚悟が見えず、また永田町に与える政治的インパクトがまるで違うと考えていたからだ。後の「日本新党」の誕生である。

フレッシュな「政策プログラム」

細川とそのブレーンは、「政策プログラム」「ネットワーク型」といった、政治の世界では聞き慣れない、フレッシュな言葉を使うことが巧みであった。新党の基本目標として「立法府主導体制の確立」「生活者主権の確立と選択の自由の拡大」「地方分権の徹底」「異質・多様な文化の創造」「世界平和へのイニシアチブ」といった項目を掲げている。

そのうえで肝心の「政策プログラム」（6項目）を示していく。①地球環境問題への貢献、②開放経済の促進（これはこの時期最大の課題がウルグアイ・ラウンドの農産物貿易自由化であったため）、③平和外交の主導、④政治改革の断行、を掲げる。選挙制度改革と脱官僚、ここが最大かつ最重要の課題であった。次に、⑤行財政の改革、⑥二十一世紀のための教育革命とつづいている。

この政策を実施していくことで、日本が目指すべき出口を「第三の開国」と呼んだ。「大胆な対外開放政策を推進し、明治維新以降、特に戦後経済成長期を通じて過度に集権的・画一的・硬直的になってしまった政治・経済・教育・文化のシステムを、分権化・多様化・流動化していくことである。幕末の黒船、戦後の占領軍による開国に続く、いわば『第三の開国』である」

「保革対立」なんてものは冷戦の遺物であり、もはや時代遅れだという政治状況の認識から出発して、その課題を解決する手段として「政策プログラム」を掲げて、新党を結成する。有権者の半数近い「支持政党なし」層の要望に応えることだとする。そして宣言の最後に細川個人の心情を明かす。

「私は私のもうひとつの血筋である母方の祖父、近衛文麿のことを想起せざるを得ない」として、近衛が両大戦間の危機の時代である1933年（昭和8年）、当時の月刊誌『キング』に『世界の現状を改造せよ』という論文を発表し、世界平和への強い意思を表明したことと、近衛が首相として日米開戦の破局へと向かう局面において、近衛が『あげるべき声』をあげて軍部の独走を阻止しえなかったことへの批判を重く受け止めたことを記す。

「私が歴史の教訓として祖父自身の悲劇的体験から深く学んだことは、『声をあげるべき時にははっきりとあげなければならない』ということである。今こそその『声をあげるべき時がきている』という天の声が私には聞こえる」

途方もない書生論であってもそれが必要なときがある。そして荒海に乗り出す小舟の舳先に立ち、難破も恐れずに理想主義の旗を掲げて船出するのだ、と。

「新党宣言」でなければ

細川に直接質問しても記憶に留めていなかったが、いちどだけ細川が結党宣言を出すことに逡巡した瞬間があったことを覚えている。月刊誌の校了直前になって、細川から「わが新党試案」にならないかとタイトル変更を求めてきたのだ。編集部としては「新党宣言」にこそ意味があるのであって、「試案」では掲載の意味はない。「もうこれで行きましょう」ということで背中を押させていただいた経緯がある。

さて、雑誌を校了した後からが本番であった。この宣言を政治に関わるすべてのメディアに報じてもらわなければならないと考えた。ツテを頼って、新聞や通信社、テレビ局の政治担当者に「結党宣言」のコピーを配って歩いた。かねてからの知り合いに渡したこともあり、新党に対して概ね好意的な評価だった。そのメディアのうねりは細川に対して、記者会見を開かせようという圧力となった。会見は、ゴールデンウィーク明けの5月7日、内幸町のプレスセンターで行われることが決まった。

その当日、わたしは、抜き刷りといわれる、宣言を小冊子にまとめたものを用意して、それを指定の時間に乃木坂の事務所に運んだ。事務所の扉を開けて驚いた。

「あれ、みなさんはなぜここに居るのですか。記者会見に行かないのですか」

スタッフが全員揃っているので、思わず尋ねた。

「いや、殿(陰では細川のことをこう呼んでいた)はひとりで行かれましたよ」

何を呑気なことを言っているのか。

「これから何百人かもしれない記者が押し寄せて来るのに、誰もいないというわけにはいかないでしょう。手が空いているひとは全員、駆けつけましょう」

皆の尻を叩いて、プレスセンターに向かった。会見は午後6時から開かれる。早くも記者が詰めかけている。各局のテレビクルーも準備を始めていた。経験のないスタッフに代わって、仕切らせてもらった。

「じゃあ、君は受付をお願いします。あなたが司会進行です」

勝手ながら論文のやりとりで知り合いとなっていたスタッフたちに役を割り振った。会場は200人以上の記者や取材スタッフで溢れた。取材を受ける細川が会見を仕切れるはずもなく、名刺すら受け取れない。急場凌ぎのにわか態勢ではあったが、とにもかくにも記者会見は無事に終わった。テレビは早速、当日の会見後のニュースで取りあげ、翌朝の新聞の政治面で取りあげられた。

新党ロケットの打ち上げは大成功だった。

ちなみに、この受付に指名したひとりは、後の横浜市長、衆議院議員の中田宏であり、司会は、衆議院議員4期、参議院3期を務め、環境大臣となった、現在は参議院副議長である長浜博行である。

「ミニ政党」からの出発

「結党宣言」のインパクトは強烈であった。普段なら雑誌記事など取りあげない全国紙も、毎日新聞以外は好意的に取りあげてくれた。なぜ、毎日はすげないのか、と思っていた。

理由はよくわからないが、毎日はしきりに「新党のメンバーは誰か」を追った。他のメディアも、細川のバックは誰か、あるいはブレーンの存在を追及した。宣言から数週間の新聞をめくると、新党メンバーが多くない、また目玉になるようなひとが出なかったことに失望して、ニュースが萎んでいったことがわかる。所詮は、「田中型政治」に叛旗を掲げたひとりの政治家扱いになっていく。

しかし、ここで細川は踏ん張る。宣言から2ヵ月半後、7月26日投票の参議院選挙では、「日本新党」として比例代表で細川党首をはじめニュースキャスターだった小池百合子ら4人（361万票を獲得）の当選を果たした。国会議員の当選数としては必ずしも多くはないが、それでも比例区としては日本共産党（353万票）よりも得票数が多かったのである。ただし、4人の国会議員ではミニ政党の域を超えることはできず、この時点で政界への影響力はほとんどなかった。

「政治改革」がキーワード

しかし、時代は「政治改革」をキーワードとして、永田町を突き動かしていく。参議院選挙直後の8月、金丸信への東京佐川急便からの「5億円ヤミ献金事件」が発覚した。東京地検特捜部が金丸に対して政治資金規正法違反の略式起訴罰金20万円で済ませたことで世論が激高し、リクルート事件から続く「政治とカネ」の問題が再び火を噴いた。

なんとしても「政治改革」をなし遂げなければならないという宿題に、当時の宮沢喜一内閣は応えることができない。「政治改革関連法案」すなわち選挙制度改革をめぐって、小選挙区制導入を掲げる小沢と、現状の中選挙区制維持を主張する梶山静六（自民党幹事長）が激突した。両者は譲らず、経世会が分裂する。本来、竹下派内の権力闘争だったものが、勢い余って自民党に大地殻変動を巻きおこす。政治改革関連法案の採決をめぐって内閣不信任決議案が出され、これに小沢ら造反グループが賛成してしまい、可決されてしまう。この事態に宮沢首相は解散を決意する。

その採決後に武村正義、鳩山由紀夫ら国会議員10人が自民党を離党し、新党さきがけを結成。小沢らは解散直後に「新生党」（衆参議員計44名）を立ち上げた。細川が火を付けた新党ブーム（第一次）である。7月18日投票の衆議院総選挙において、自民党は過半数割れ。細川新党は一気に35名もの当選者を出して大躍進した。その細川を小沢が担いで、「政治改革」を掲げて非自民連立政権を樹立した。小沢一郎、政治家として絶頂の瞬間である。

「いい自民党」と組んでいた可能性も

細川が政権樹立を振り返る。

「第40回衆議院総選挙後には、日本新党とさきがけで『政治改革政権』を提唱していたんですね。『この指、とまれ』と。それに賛同する政党で一緒にやらないかと呼びかけたんです。実はあのとき、ちょっとしたタイミングのズレがあって、小沢さんと組むことになったが、あとから自民党の山崎拓さんや加藤紘一さん、小泉さん、つまりＹＫＫの人たちからも一緒にやるかと言ってきた。もう少し早かったら、もし彼らと組んでいたら、後藤田（正晴）さんや宮沢さんたちも巻きこむ選択肢があったかもしれません」

小沢の直感がＹＫＫより優れていた結果だろう。しかし、この時点からの10年タームで俯瞰すれば、そもそも角さんの秘蔵っ子といわれ、金丸・竹下に寵愛された「田中型政治」の中枢にいた小沢一郎が、政治改革を進める側にいるのも奇妙な話であり、連立政権は大元から大きな矛盾を抱えていたといえる。だが、細川連立政権誕生の熱狂のなかでは、メディアから冷静な分析、視点で報道されることはなかった。細川総理誕生、38年ぶりの政権交代という大花火の前に、すべてがかき消されてしまったかのようだった。

細川護熙の「悔い」

残念ながら細川政権は263日間の短命で終わった。政権基盤といえば、端から脆弱といわざるを得ない。そもそもこの政権は、自民党のエッセンスのような男が率いる新生党と、とっくに耐用年数の過ぎた社会党（山花貞夫委員長、その後村山富市委員長）とが土台の大部分であった。政権運営がうまくいかないに決まっている。それでも細川首相は粘りに粘った。その後の日本の産業の行方を決定づける、ウルグアイ・ラウンドでコメ市場開放をなし遂げ、政治改革関連法案も紆余曲折を経て自民党と妥協し可決させる。

細川が政権時代の秘話を明かしてくれた。

「ひとつは政治改革関連法案が参議院で否決されたとき（94年1月21日）に、小沢さんと二人きりで話したことがありました。抜き打ち解散をしようと。国民の70％から80％は政治改革に賛成でしたから、その世論の支持で総選挙を闘う。選挙を打てば自民党はもたなかったでしょうから、そこで自民党の一部と組むという考えでした。しかし、まず政治改革法案を通すことをがんばってしまい、解散ができなかった」

自民党の河野洋平総裁とのあいだにホットラインをつくり、最後の最後に自民党と手を結んで法案を通した。

「もうひとつは、国民福祉税構想がもちあがり、すぐに撤回という段階で、宮沢さんに相談したら、藤井裕久大蔵大臣に辞めてもらうべきだといわれました。7％の税率に関しては、もともと大蔵省は5～6％と言ってきていたので、記者会見で『腰だめ』（筆者注・鉄砲を腰にのせる姿勢を言う、転じて大体の見当を言う＝消費増税率を表現するには不適当で世論の批判を浴びた）と私としては誠にうかつな発言をしてしまった。藤井さんは立派な方でしたし、親しくしていました。宮沢さんと三人で話す時間があればよかったのですが……。でも、あのとき、大蔵大臣辞任となれば、新生党は政権から出てしまったかもしれませんが、そこで決断しなかったことには悔いが残ります」

6年かけた「政治改革」の意味

海部・宮沢と二つの政権が潰れ、自民党は半壊し、6年の歳月をかけて政治改革関連法案が国会を通った。未公開株を政治献金がわりに政界にばら撒いたリクルート事件に端を発し、泉井事件（石油商の泉井《いずい》純一が高級官僚への度はずれた接待、政治家への多額の政治献金が発覚）などが続いたことに対して、国民の怒りが爆発した。とにかく「政治とカネ」の問題に終止符を打たねば、政治は有権者から見放されてしまう。ようやく6年後に政治家たちが自らの既得権をすこしだけ手放して出した答えが、この細川政権時代の政治改革だった。

その改革から30年が経った。ここで課題とすべきは、このとき選択された政治改革の進路がはたして適切だったのか、ということだ。

今日、安倍派議員のパーティ券収入の裏金問題が発覚したことを見れば、決して充分だったとは言えないだろう。再び、「政治とカネ」の問題で、政治に対して国民は大きな怒りに震えている。岸田政権をはじめ、政治家たちが国民のその声に答えることができるか。しかし、これまでの流れを振り返ると、「政治改革」にはまだまだ正念場が長く続くことが予想される。

政治改革がうまくいかない理由

では、なぜ政治改革はうまくいかないのだろうか。識者や政治のプロの意見など聞かずともわかることがある。

その理由のひとつは、小選挙区比例代表制が採用されれば、二大政党に収斂し政権交代可能な政治体制となる——という前提というか、その予測が外れてしまったことだ。たしかに一度は民主党が2009年に政権交代をなし遂げたが、その後は二大政党制になることもなく、自民党とその他の政党体制に逆戻りしてしまった。野党らしい野党がないという点では、55年体制よりさらに後退してしまったと言えるかもしれない。小選挙区制では現職議員がかなり有利であり、二大政党にまとまっていくことは困難である。同時に、大きな政党ができないのであるから、政権交代のハードルも当然高くなる。

政党助成金315億円！

第二に、選挙制度改革に隠れてあまり議論せずに国会を通過してしまった「政党助成金制度」がもたらした副作用である。

政治改革の目玉であった「政治とカネ」の問題を解決するため、選挙や政治に掛かるコスト、その費用を国が丸ごと負担するという趣旨であった。同時に、政党以外の政治団体に対する企業献金の廃止を提唱していたが、実際は政治改革関連法案の審議のどさくさに紛れてなし崩しになり、現在まで政党への企業献金は続いている。30年前の悪夢が蘇ってしまった。うんざり、である。

この政党助成金がどの程度の規模か知っているひとは少ないだろう。実に赤ん坊も含めて全日本国民一人当たり250円を支出するかたちで、政党交付金の総額315億円（2023年3月現在）である。巨額の税金が議員数に応じて、政党に分配されている。自民党に159億円、立憲民主党68億円、日本維新の会33億円、公明党28億円、そして小政党のれいわ新選組にも6億円強が支出されている。使途は政治目的に限られ、使途を報告する義務がある。しかし、使途の振り分け——すなわち企業や個人からの献金部分（政治資金）との項目分けは、政党・政治団体側が判断するので、実質はどんぶり勘定である。

世界を見回してみると、議会制民主主義の生みの親である英国も実施しているが、総額3億円弱程度、米国にはこんな制度はない。ドイツやフランスは制度を採用しているが、各々174億円、98億円を助成していても企業献金を認めていない。日本は突出して大盤振る舞いを続けている。

300億円とは大金である。まじめに働く国民や企業にしてみれば、この金額を稼ぎだすのにどれほどの労苦がかかっていることか。その大切な税金の一部を使って政治を行う。ある意味、私的団体《パーティ》のはずの政党が「官営政党」になっているのである。基本は、国会議員が5人集まれば助成されることになっており、本来、「政治とカネ」の問題を切り離す大切な手段だったものが、国から支給されるボーナスのように成り下がっているのではないか。強い違和感を覚える。これほどの税金を使うのであれば、官営政党はもっと早く裏金問題など襟を正すべきであるし、その責任が重いのである。

政治家から経済のリアルが消えた

たしかに現在、この政党助成金のおかげで、政治家の一大疑獄事件といったものは減った。無くなったと言っていい。かつてのごとく政治家が億単位で金を集め、その金で子分を養い派閥を大きくし、自民党で過半を制することで政権をとり、総理大臣になるという道は塞がったように見える。

だが、決して褒められたことではないが、かつての政治家は「数は力」「力はカネ」とばかり必要に迫られて自分で金をつくってきた。その意味では、リアルな経済活動（政策も含めて）に明るかった。渡辺美智雄などは、某証券会社を通じて株をマーケットに張っており、彼が大蔵大臣として採用する政策は市場直結であった。自分の財布と日本経済が連動しているのであるから、その景気対策などに心棒が入っているのは当然である。魂が籠もっていると言い換えてもいい。政策実行そのものが必死であった。

それに比べていまの政治家はどうだろう。岸田文雄政権の経済政策はどこか他人事でウツロな感じである。「この国の経済をなんとかする」といった気迫は感じられない。政策プログラムの迫力が圧倒的に足りない。この点は、細川政権以後の政権にも共通する。せっかく政治からカネを切り離そうとしたのに、「税金で政治をやること」のマイナス面も出てしまった。

たとえば、岸田政権では、防衛費のGDP比2％を達成するため思い切った年2兆円規模（令和9年度から）、異次元少子化対策へ毎年3兆6000億円の増額を各々決めたが、明確なかたちで財源を示していない。財源を考えずに支出だけを決定するなら、政治は誰にでもできる。もうすこしリアルな経済観念があれば、こんなことはできないし、毎年20兆円以上の新規国債など発行できるものではない。自分がカネを作っていないから、お金の有り難みがわかっていないのである。

安倍派パーティのキックバック問題

そして図らずも、昨年末から安倍派の政治資金問題が新たに発覚した。既にご承知のとおり、もともと安倍派という派閥に入ったパーティチケット代金を個々の議員に還流させていた。特に派閥幹部はその資金を自らの勢力拡張、派閥の跡目を競うために使ったとみられる。このカネは、企業や個人はパーティ券の代金を銀行振込しているので資金の流れが明確な表ガネである。それを個々の議員に還流しても表ガネが裏ガネになるはずがない。長年、派閥単位で行っていた悪しき慣行であった。

これなど、まさしく福田派から安倍派へと続く「二軍政治」の証左であろう。田中派に変わって政治の本流にいたためか、自分たちには検察が手を出さないとでも考えたような稚拙な手口であった。

90年代初頭と同じく、政治改革、派閥解消がメインの政治課題となってしまった。歴史は繰り返す。国民の怒りは激しく「政治改革」がキーワードとなるのは致し方ないのであるが、バブル崩壊時と同様に、経済政策の停滞を招くことは必至である。日本経済の立て直しの大切な時期に、またもや「政治改革」で政治報道が埋めつくされることとなった。徒に経済政策の空白が長引かないことを祈るばかりである。

そして、「政治改革」で何よりも先に永田町が取りくむべきは、戦後の政治腐敗史を教訓として、「公」と「私」を分けること、だ。政治家が政治資金を私的な領域に関わらせないことに尽きると思う。そのために政治改革法を改正することも重要であろうが、法で縛るより何より、「政治家自身にカネの問題が起こったら即刻議員辞職する」ことを慣例にすれば済むことではないか。なまじ法律を改正しても、その抜け道を考えるのが政治家の常である。それより、カネの問題が起こったらすぐにクビになる永田町をつくることだ。それを選挙で国民に約束させる。そんな改革はできないものだろうか。

「政治改革は不十分だった」

いま振り返って、細川政権時代に通した「政治改革関連法案」の評価を改めて細川に問うた。

「選挙制度改革自体、不十分なものでしたね。政府案は小選挙区250、比例区250だったものが、自民党案を丸呑みしたため、比例区が少なくなり、民意が反映しにくくなっている状況が続いている。あのとき、二つの内閣が潰れて6年も掛かってなし遂げられていないことを、ここで食い止めなくてはならないと思ってしまった。まず（政治改革の）骨組みをつくって、あとで修正していけばいい。そこを優先した。だから抜き打ち解散といったことも控えたのです。この不十分な点を改めなくてはならないと考えています」

――政党助成金制度の導入で、政治家から経済的リアリズムが消えてしまった、あるいは経済政策が本気でなくなったのではないでしょうか。

「そういうことはあるかもしれませんね。ただ、あの時点では政治改革をなんとしてもなし遂げることだけでした。そのため、企業献金も廃止するはずだったものが、ちっともそうならなかった。日本新党は企業献金をやめましたが、他の党は企業献金をやめようとはしませんでしたね。ただ、億単位の金が飛び交うことはなくなりましたが……」

――まったくの後知恵になりますが、90年がバブル崩壊の年といわれていて、93年に発足した細川政権では、もっと不良債権問題への対応といった経済政策を打ち出すべきではなかったでしょうか。

「当時、大蔵省から不良債権に関することなど届いてこなかったですね。大蔵省は国民福祉税という形で、消費税率を上げたかった。細川内閣はこれで潰れたと思っています。大蔵省の斎藤（次郎）次官と通産省の熊野（英昭）次官が二人で度々やってきて、細川内閣は人気があるから消費税を上げようなんて言う。彼らに『内閣を潰す気か』と叱責したことがあります。もともと税の問題は党の方でやってもらっていたわけです。内閣では政治改革とウルグアイ・ラウンドで忙殺されていましたから、税ぐらいはやってほしいと党に一任していた。それを最後に私のところに持ってきたんです」

消費税を国民福祉税と名称を改めるにしても、実態としては消費税の税率を上げること——こんな重大な税改正を実現するためには当然、与野党間で根回しが進んでいるものだと考えていたという。細川の言うように、宮沢喜一のアドバイスの通り、大蔵省を押さえるには、細川に残された選択肢は蔵相更迭しかなかったかもしれない。

90年代初頭、これほど政治が混乱しているあいだにも、日本経済はバブル崩壊という滑り台を滑降していく。結党宣言の時期から、21行が聳え立っていた大手銀行が跡形もなくなる金融危機まではあと5年。あと講釈ではあるが、永田町も霞が関も経済政策には目もくれずに「政治改革」に明け暮れていたのは残念なことだ。この時代にも、日本の政治に「戦略的な経済政策」が不在であることが見えてくる。

声をあげた勇気

結党宣言から30年が経過したいま、細川の旗揚げに対して、とかくの批判もあるだろう。政治的な血筋の良さ、恵まれた生活環境だからこそできたのだとする指摘もある。ただ身近で接した者のひとりとして痛切に思うことは、あの「田中型政治」時代は、だれもが「こんちくしょう」にひれ伏していたなか、とにもかくにも手をあげたことは評価されるべきである。共同通信の幹部が口にしたように「角栄の子分」の書生論であったかもしれないが、何もしないで長いモノに巻かれていた永田町で暮らす人間に、細川を批判する資格はないだろう。

この20年の日本経済を俯瞰して考える

いま一度、1990年のバブル崩壊から2012年の第二次安倍政権発足までの20年を鳥瞰したい。

90年代前半は、不良債権額100兆円が日本経済を奈落に落としつつあったときであったが、永田町は「政治改革」という政治とカネの問題に終始していた。そこから日本新党が生まれ、その相互作用によって「新党ブーム」が起きた。93年、自民党政権が倒れ、細川政権が出来た。政治改革を最優先にした結果、細川政権が終わり、非自民8党派の連立政権は一年足らずで瓦解。社会党とさきがけを引っこ抜いた自民党が、94年村山富市を担いで自社さ政権というウルトラCで政権を奪還する。

経済無策だった村山が政権を投げ出し、96年に橋本龍太郎政権ができる。官房長官は梶山静六であった。彼らは自民党にあっては経済通であったが、バブル崩壊時にはちから及ばなかった。金融危機後、橋本が減税政策で躓き、小渕政権が誕生する。その小渕は、金融対策（ハードランディング）を選択せず、「日本一の借金王」と自嘲しながら、100兆円単位という大盤振る舞いの経済政策を実施した。金融再生をおざなりにして、公共事業などに偏った施策は、本来やるべき経済政策とはほど遠かった。これまた赤字国債で景気を底支えしていたに過ぎない。景気は一向に上向かず、99年からはゼロ金利政策を開始する。しかし、経済の心臓部である金融が腐っている以上、経済は浮上せず。デフレ経済が進行していく。

2000年代初頭から、「ITバブル」と呼ばれる新たな泡で経済は再生するかに見えた。小泉政権は、その束の間の「踊り場の時期」と重なり、5年の長期政権となる。小泉政権のあと、福田康夫、森喜朗、麻生太郎とぼんやりした経済無策の政権が続く。2008年、「リーマンショック」という米国金融版のバブル崩壊で世界経済が失速、日本経済も奈落に落ちた。麻生政権は国民の信任を失い、自民党は再び政権から転落する。

そして、2009年、鳩山由紀夫率いる民主党政権が誕生するのだ。黒幕はまたしても小沢一郎だった。この「永田町の壊し屋」は文字通り、政権を壊してしまうことは得意だが、実はかなりの「経済オンチ」というのが玉に（大きな）キズであった。彼の本質には政治を「政治改革」としか捉えられない、大きな欠陥があるのではないか。

与謝野馨の経済政策

その小沢支配の時代、もうひとつ新党づくりのお手伝いをしたことがある。

わたしが編集長時代に直接編集を担当した、「たちあがれ日本」(月刊『文藝春秋』2010年5月号「小沢独裁を絶対に許さない! 『たちあがれ日本』結党宣言」)である。いまはもう石原慎太郎が名付けた、この政党のことを覚えているひとは少ないだろう。この新党の中核を担ったのが、与謝野馨だった。経済通として鳴り響く与謝野の「民主党経済政策批判」は秀逸である。

「民主党は官僚主導を排すると称して、政策決定の場から官僚を疎外している。財政規律を真面目に検討せずに、マニフェストを取り繕うため必要以上に膨らませた予算を作った。日本経済を復活させる成長戦略を満足に描くこともできない。国全体で二十兆円あると豪語していた予算のムダ削減もほとんど実行できず、苦し紛れにガソリン税などの暫定税率廃止を撤回するなど、数々のマニフェスト違反にも平然としている」

そして、与謝野はこう断じる。

「民主党政権があと三年間続けば、世界の先進諸国のなかで日本だけが後れを取ることは間違いなく、経済基盤はもちろん日本社会全体の基盤も滅茶苦茶(最後は野田佳彦)になってしまう」

幸いなことに、その後3年間続くことはなかったが、2年続いただけで、かなり目茶苦茶になってしまった。予測は当たってしまったのである（与謝野は、民主党の菅直人政権で内閣府特命担当大臣として入閣して世間を仰天させたが）。

「現下の日本における喫緊の課題はいうまでもなく経済の建て直しである。二〇〇八年九月のリーマン・ショックに端を発した世界的な金融危機の影響で日本経済は出口の見えない迷路に入り込んでしまった」

「政権を獲ったなら、経済を再生するためにきちんとした処方箋を書き、速やかに実行しなければならない。新たな雇用を創出し、経済が成長するような施策を打ち出さなければならない。ところが、民主党政権はなんら有効な手立てを講じようとしない。財政が厳しいから財源が捻出できないというなら理解もできるが、一方では子ども手当など経済波及効果が大きいとは言えないものに湯水のように税金を注ぎ込んでいる」

あえて「消費税増税」を掲げる

一般の国民には必ずしも納得いかないかもしれないが、与謝野は経済政策の根幹に財政再建を掲げていた。

「特に近年最大の問題となっていたのは、少子高齢化の進行によって毎年約一兆円ずつ増えていく医療や介護、年金など社会保障の財源をどのように賄っていくかであった。高齢化によって避けられない費用の増大を国民全体でどのように分け合うか。その一方で、無駄撲滅や行革の手が緩まないようにどうするか。歴代政権が継続的に検討し、既に青写真はできている」

それには「消費税引き上げしかない」と与謝野は指摘する。

「社会保障は五十年経っても百年経っても社会の変化に耐えうる制度を作らなければならない。選挙対策で目先の国民負担を減らし、将来にツケを回すような制度だけは絶対に作ってはならない。だからこそ、国民が老後まで安心して生活できるために、安定的に維持できる財源を確保しなければならないのだ。我々が、短期的には国民受けしないであろう消費税率の引き上げを主張するのは、日本の将来を憂えてのことなのである」

もうこんなことを口にする政治家はいなくなってしまった。ふつうの政治家なら、「消費税増税」など決して口にしない。逆に言うと、与謝野をしてそこまで言わしめるほど、日本の国家財政が悪化してしまったことの裏返しである。

帝国が没落する要因は財政破綻

与謝野は、米国の歴史学者の言葉を引用する。

「歴史学の権威であるハーバード大学のニーアル・ファーガソン教授は、大国が没落していくときは徐々に崩れるのではなく、ある日突然に極めて短期間に没落するものだと指摘している。また、ハプスブルク朝やブルボン朝、オスマン帝国、大英帝国など歴史上存在した大国や帝国が没落した理由の共通点として急速な財政の悪化を挙げている。現在の状況をみれば、日本もあっという間に没落する可能性があるのだ」

与謝野はこう結論づけている。

「財政破綻は国家が急速に没落していく最大の要因である。財政が破綻するということは、同時に経済も破綻することであり、それを回避するためにはいまが一刻を争う時なのだ。民主党はそうした事柄から目を背け続け、『コンクリートから人へ』とか『官僚主導から政治主導へ』などという簡単な方程式で日本の難局を乗り切れると考えている。民主党の政治家はみな官僚より優れていて、自分たちが先導して意思決定の仕組みを変えれば日本の社会が良くなるのだという発想なのだろう。しかし、そんな簡単な方程式で、言わば数学で言う複雑系の社会である日本の現状を打破することはできない」

ならば、どうすればいいのか。

「複雑な方程式を解くときに、まずは世界の中で日本が現在どういう位置にいるかという前提条件をきちんと見極めなければならない。さらに、その条件下で日本はどうしたら経済を成長させ、国民が豊かに生活していけるのかを考える。その際に、明治維新以後、工業を中心に富を増やし、急速に世界の先進国の仲間入りを果たしてきた日本の歩みにも思いを致さなければならない」

与謝野の指摘に違和感を持つひとは多いだろう。わたしも、この構想の発表当時には、このひとは財務省の手先ではないかとすら思った。しかし、14年が経過して、この国の財政状況を仔細にみるとき、与謝野の言葉の意味を噛みしめるようになった。詳しくは次章の「これからの経済政策プラン」に譲るが、日本の「経済再生の処方箋」を書こうとする者の心得を示しているのではないか。2017年、与謝野はこの世を去る。

「この指、とまれ」で人を集める

細川護熙の「新党結党宣言」という、ある種特殊な記事を通じて30年間の経済政策を俯瞰してみた。

この機会にあらためて細川に話を聞き、印象に残ったことばがある。

「日本の衰退の原因は、『変われない日本』にある。変わるための最大の原動力は政権交代にある。そのために、政治家が何かこれをやると決意したら、『この指とまれ』と言ってひとを集めるべきだ。（その目的のために）連立など、その都度組み換えたっていい。それには、日本のブレアが出てこないと駄目だ」

「政党、たとえば自民党や共産党も永遠に続くものではないと言っていい。日本新党も3年という時限政党であって、3年経ったら解党してしまった。何かやると決めて、それを成し遂げたとき、その内閣は退陣すればいい」

日本の政治にダイナミズムを取り戻すため、「この指、とまれ！」と旗を掲げるのもわるくないのではないか。

大手メディアの政治記者は政局しか取材をしないので、「経済政策」についてまともな取材と報道がなされることがほとんどない。よって国民もその中身を知らない。
在野の政治経済記者として取材を続けてきた筆者による、「失われた30年を生んだ経済政策」の俯瞰による検証と、日本が生き残るための「これからの経済政策」の提言。

第五章

これからの経済政策プラン

三菱地所の失敗

ちょうど「自由の女神」の頭の部分でヘリを旋回してもらった。高度は約80メートル。女神の目線ぐらいのところで見る像はやけに巨大に見えた——。

１９９４年11月13日、わたしは、晴天のニューヨーク摩天楼上空をチャーターしたヘリで飛んでいた。当時、三菱地所が購入したロックフェラーセンターの全容を知りたかったからだ。14本の高層タワーからなるオフィスビル群。89年に地所が手に入れた際、「アメリカのシンボルを買った」と全米のマスコミから集中砲火を浴びたが、「丸の内の大家」と言われる三菱地所が摩天楼の一角を握ったこと自体、日本経済のちからを見せつけるのに十分だった。

だがしかし、このロックフェラーセンター買収劇は、いわば「ブランデーの空瓶を買わされたのも同然」（投資銀行ゴールドマンサックス関係者）だったのである。経緯をごく簡略にいえば、相続問題に窮したロックフェラー一族が、当時の不動産金融のテクニックを弄して、日本の大手デベロッパーに資産価値の低いビル群を譲渡したのである。地所がなぜそんなヘマをしたかといえば、２０００億円が動く巨額の投資案件とあって、ニューヨークの不動産のプロたちに相談したからだった。だが、彼らは「一見の客であるミツビシよりも、ロックフェラー家の利益になることを優先した」（ニューヨーク在住の不動産企業幹部）。相談する相手を間違えたのである。そもそも不動産金融に暗かったのは否めない。地所は、この案件で5年後に1500億円の損失を計上することになる。その顚末を「週刊文春」誌上で取りあげようとしていた。

アメリカ本土が四つ買える

何も三菱地所の古傷をあげつらうために、この話を持ち出したのではない。地所は日本の不動産関連企業の右代表だっただけである。

1980年代、アメリカはS&L（貯蓄投資会社）の経営破綻による、いわばアメリカ版バブル崩壊の危機に陥っていた。そこで日本の大手デベロッパー、不動産会社は争って、マンハッタンのビル群を買いまくった。逆に日本はバブル経済真っ只中、「日本の資産・不動産でアメリカ本土が四つ買える」といった驕りの絶頂期であった。85年から89年までの日本からアメリカへの投資総額は780億ドル。それが買収から5年後にはその不動産投資の半分が売却、リストラ、銀行管理となってしまっていた。

「マンハッタンの摩天楼の多くを日本企業が買収した」との記事が週刊誌や経済誌を賑わ

したが、なんのことはない、アメリカ経済のバブル崩壊をジャパンマネーのおかげで先延ばしできたのである。

「レーガノミクスによって、アメリカ経済は80年代前半の好景気に沸いていた。ところが、その景気に変調を来してきたときに合わせて、FRBがドル安、高金利に舵を切ったのです。85年に1ドル238円だったものが88年には128円まで円高となった。日米間に金利の格差を生じさせることで日本の巨額マネーを呼び込み、米国版バブル崩壊を延命させた。アメリカ政府・金融当局の巧緻な戦略によって、彼らの良いようにされたわけですね。経済政策でおくれを取ったとも言えます」（前出・ニューヨーク在住の不動産企業幹部）

「失われた日本経済」元年

冒頭のシーン——ロックフェラーセンター上空をヘリでホバリングしていた90年代半ばまでの時期が、日本経済最後の栄光のときだったと、わたしは思う。言い方を換えれば、この年あたりが「失われた日本経済」元年であった。当時、こんなことを考えていた。〈優秀な人材を集めた大ミツビシすら大損してしまった。しかし、民間企業ばかりではない。日本政府もまた、国益を大損させせちゃったのである。なぜ、これほど日本は経済政策

で負けるのだろうか〉

このときの取材経験が、経済政策への興味をかきたてるきっかけとなった。

羹《あつもの》に懲りて膾《なます》を吹く——。

まさしく、このことわざ通りの展開で、バブル退治に奔走した日本政府・日銀は、三重野康日銀総裁時代に金融を引き締め過ぎてしまう。「失われた10年」さらに、20年、30年と時代は移っても日本経済は浮上せぬまま、いまだに空白期が続いている。

バブル崩壊10年目以降の空白の原因は、多分に金融行政の失敗にある。97年の金融危機（第三章参照）下での曲折を経て、大蔵省から金融行政部門を分離し、2000年に、金融庁（98年にできた金融監督庁が母体）が発足した。金融庁は、金融機関なかんずく銀行を締め上げた。この〝行政指導〟の結果、「不良債権」という羹に懲りて、銀行はとにかくリスクを取らず、お行儀のいい融資しかしないようになっていく。リスクを取らない、不良債権を生じさせない銀行がいい銀行であった。2015年に森信親が金融庁長官に就任するまで、金融庁はまさしく監督行政に終始し、検査のための検査を徹底した。その証拠に、同年のリスクマネー、不良債権処分額は主要銀行で5・1兆円（全銀行ベースで7・4兆円）まで減少している。

あるメガバンク元首脳はこう述懐する。

「住友銀行の磯田一郎頭取の『向こう傷を恐れるな』の掛け声に象徴されるように、アグレッシブなバンカーが高く評価された時代から一変し、リスクを取らず、ひたすら上を向いて安全な道を歩くような金融マンが偉くなるようになった」

森長官は「(金融)検査のための検査をやめさせる」と意気込み、金融庁改革を進めた。しかし、その流れは急には変わらない。たとえば、2017年12月、経営危機に陥った東芝において、6000億円の増資を計ったが国内銀行勢は及び腰で、結局、「もの言う株主」を中心とした外資系ファンドが引き受けた。これが後の東芝迷走の原因となる。経営は別として数兆円もの資産を持つ東芝ほどの会社に対しても、銀行はリスクを取らなくなっていた。

「ゼロ金利政策」の副作用

そこに並走する形で、金融ならびに経済界を徹底的に歪めたのが「ゼロ(マイナス)金利政策」であったと思う。

アベノミクスを取りあげた第一章で触れたが、この「ゼロ金利政策」は、黒田日銀総裁が「マネタリーベースを2倍に、2年間で物価上昇率2%が目標」と異次元金融緩和をブチ上げたことに始まる。そして、当初2年だったはずが10年も続いてしまった。「マイナス金利」はやめたものの、「金融緩和政策」はまだ続いている（2024年6月現在）。

繰り返しになり、素人が言うのも僭越だが、「金融において金利ゼロという世界がそもそも間違っている」のではないか。人間の経済活動において、ひとに金を貸して借り手から金利を取らないというのでは、これは金融そのものが成り立たないはずである。金融の専門知識を振り回す人々は、理屈をこねて「ゼロ金利政策」を正当化するが、世界中でこんなに長期にわたって、「ゼロ金利」を続けている国は存在しない。一昨年（2022年）まで継続していたスイスもゼロ金利をやめた。

「ゼロ金利政策」を実施していいのは、経済状況が相当程度に非常のときであり、かつ短期間でなければ副作用が大き過ぎると考える。

日本銀行本店本館。赤煉瓦で有名な東京駅を作った辰野金吾の設計によって、明治29年（1896年）、日本橋本石町に竣工した国の重要文化財である。実に荘厳な建物のなかで、金融政策は決定される。しかし、その存在は知られていても、日銀総裁による金融政策の是非について継続的に論評されることは少ないのは何故だろう。

その最大の副作用が財政規律の緩み、いや崩壊と言っていいほどの財政悪化である。

1286兆円の借金

1286兆円――。

まったくピンとこない数字である。令和5年（2023年）度末における国及び地方の長期債務残高である。誰もが指摘するように、対GDP比で213％にのぼる。国富といわれるGDPの二倍を軽く超えてしまった。国債だけで、1076兆円（対GDP比177％）。もっとわかり易くいえば、5年度の税収が69・6兆円なので、15・5年分である。

実はこの数字、日本国が太平洋戦争に敗れて背負った借金（国債残高だけで1408億円）が歳入（1946年度125億円）の約9・6倍であるのに対して、現在は同じ比較で15倍以上になるということだ。すなわち、戦争（敗戦）もしていないのにこれだけの借金を拵《こしら》えてしまったことになる。

首都・東京が焼け野原だった、敗戦時のフィルムを思い浮かべてほしい。あきれ果てた浪費である。

よく個人の家計と国家の予算は違うというが、年収の15倍以上も借金しているひとが信用されるだろうか。もちろん国には資産（霞が関をはじめ国有財産、あるいは高速道路、橋などのインフラ等々）があり、他方、民間セクションには国民の金融資産2113兆円、企業の内部留保511兆円もあると反論があることは承知している。しかし、この個人や企業の財産を使って国の借金の穴埋めしよう、と言うのだろうか。財産権の問題を脇に置いて考えてみても、やり方としては、個人の金融資産のざっと半分を「預金封鎖して資産課税して取りあげる」、あるいは、「インフレを起こして円の価値を下げることで借金をチャラにする」といった二つのパターンしか考えられない。実際、1945年の太平洋戦争敗戦後には、この二つが併用された。国民の金融資産で穴埋めするというのは、こうしたカラクリなのだ。

さらに、「国には巨額の資産があるではないか」と指摘する専門家もいる。矢野康治元財務次官（昭和60年大蔵省入省・現一橋大学顧問）の論考によれば、日本政府のバランスシートでは資産は741兆円、そのうち金融資産は366兆円だと指摘している。しかし、国債も含めた国の負債は1443兆円。その差額は約700兆円で債務超過状態なのである。しかも、金融資産のうち、例えば外貨準備は195兆円あるが、そのうち米国債が4分3以上であるうえ、将来の通貨危機などに対応するための必要な資金である。そうそう現金化して国の借金の穴埋めに使うわけにはいかない。他の金融資産も政府系金融機関の貸付（負債）などに対応しており、国債の償還には使えない。たしかにこの国には見かけ上カネはある。問題はそのカネを当てにして、日々の暮らしのためにキリギリスのように毎年毎年収入以上に使ってしまっていることだ。この流れを断ち切ること、それが第一歩ではないか。

現役財務次官論文の衝撃

先ほどの矢野は、現役の財務事務次官のときに、この財政問題を大胆に世に問うて波紋を呼んだ。

2021年11月号の「文藝春秋」誌上で「財務次官、モノ申す『このままでは国家財政は破綻する』」という論文を発表したのだ。現役次官としては異例の行動である。私はこの論文掲載に関わってはいないが、矢野とは彼が主計局主計企画官時代から二十年以上の付き合いがある。東大出ばかりが幅を利かす財務省にあって一橋大学卒の熱い理論家として有名だった。山口県下関出身で、「安倍総理よりも長州人としては正統な筋目」と言って憚らない一言居士である。現役次官の政権批判とも捉えられかねない論考だけに、官邸では更迭論まで浮上した。しかし、その中身はまったく真っ当なものだ。

「あえて今の日本の状況を喩えれば、タイタニック号が氷山に向かって突進しているようなものです。氷山（債務）はすでに巨大なのに、この山をさらに大きくしながら航海を続けているのです」

同時に岸田政権の「バラマキ政策」を痛烈に批判している。

「かつて松下幸之助さんは、『政府はカネのなる木でも持っているかのように、国民が助けてほしいと言えば何でもかなえてやろうという気持ちでいることは、為政者の心構えとして根本的に間違っている』と言われたそうですが、これでは古代ローマ時代のパンとサーカスです。誰がいちばん景気のいいことを言えるか、他の人が思いつかない大盤振る舞いができるかを競っているかのようでもあり、かの強大な帝国もバラマキで滅亡（自滅）したのです」

岸田政権は23年の時点でも、「税収の増えた分を国民に還元する」と減税を打ち出したが、これなどまさに誰も思いつかなかった大盤振る舞いであった。しかも、23年度の歳入は目論見と違って実際には税収がたいして増えなかったにもかかわらず、その前の数年分の税収増を還元すると言い出して所得税減税を強行した。要するに「税収増」という理由は真っ赤な嘘だったのだ。この一点だけでも、岸田文雄というひとが総理大臣に足るべき経済的なリテラシーに欠けていることがわかる。

及び公債発行額の推移

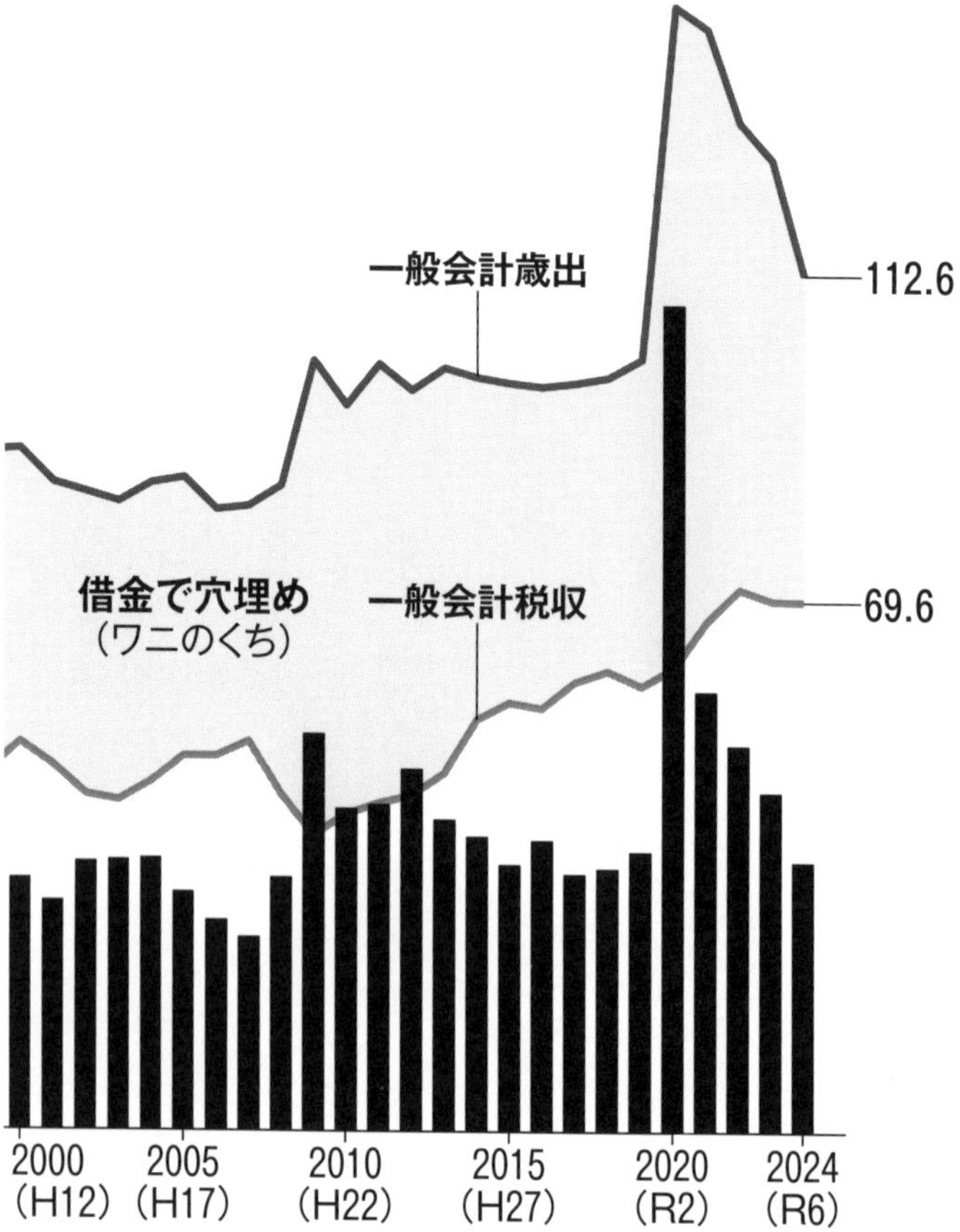

矢野康治『財務次官、モノ申す「このままでは国家財政は破綻する」』（文藝春秋　2021年11月号）図表より。2022年度からのデータは更新
2022年度までは決算、2023年度は補正後決算、2024年度は予算による

一般会計税収、歳出総額

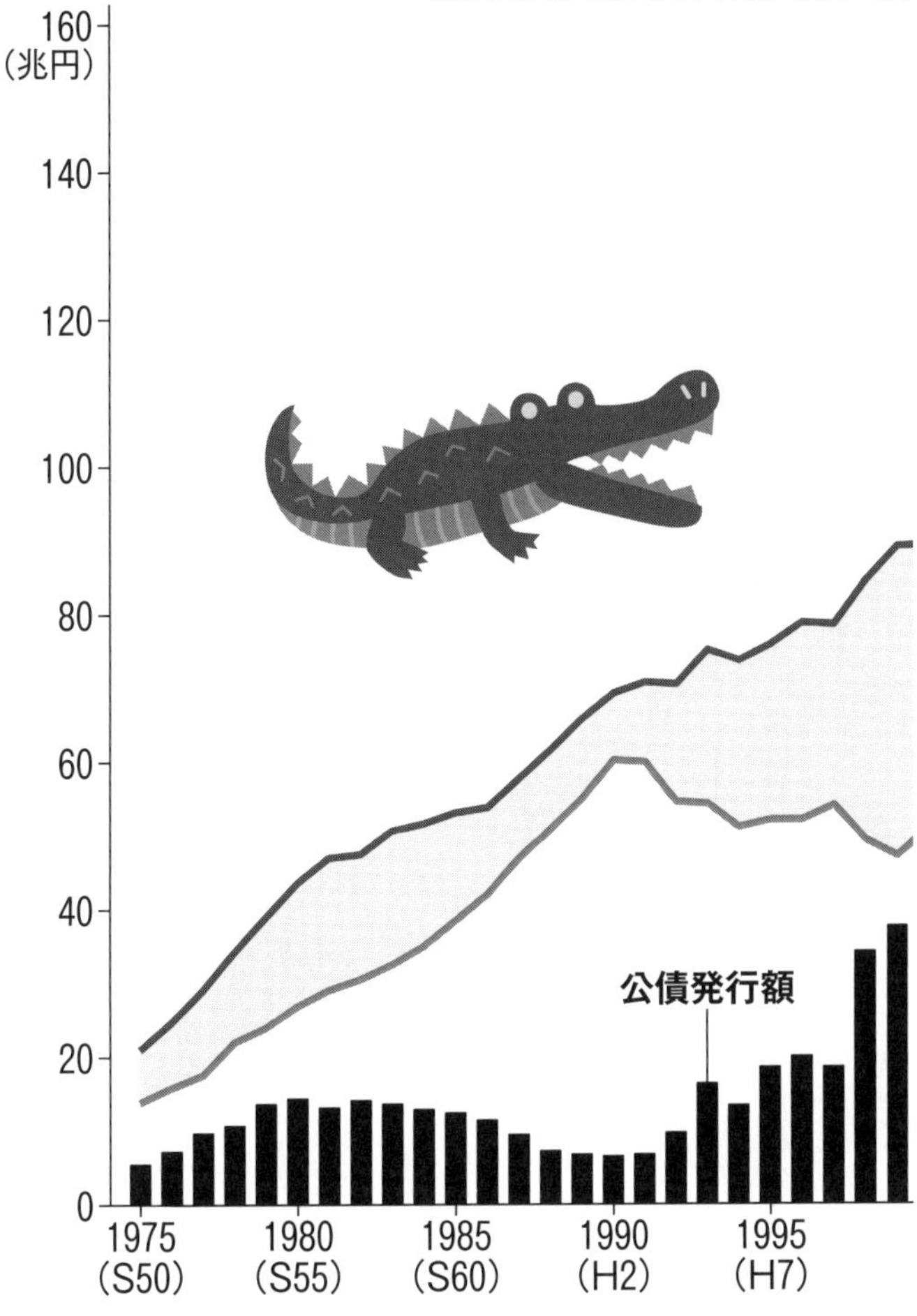
160
(兆円)
140
120
100
80
60
40
20
0
公債発行額
1975
(S50)
1980
(S55)
1985
(S60)
1990
(H2)
1995
(H7)

「このままでは日本は沈没する」

矢野次官は強烈な危機感を持って続ける。

「このままでは日本は沈没してしまいます（中略）」

「日本の財政は（景気がよくても赤字のままという）『構造赤字』であり、いわゆるバブル期（1990年前後）でも、ワニのくち（筆者注・前見開きの歳出と歳入（税収）の推移を示したグラフ）は狭まりはしたものの、歳出と税収が逆転する（黒字になる）ことはありませんでした。また、安倍政権下で有効求人倍率が一・六を超えるほどのいわゆる完全雇用状態の下でも、黒字にはなりませんでした」

ワニのくちは「開いた口が塞がらない状態だ」と指摘する。そして、ゼロ金利政策が続けられているうちにこそ、財政を健全化せよと訴える。

「たしかにこの十年ほど、金利が成長率を下回るという、借り手（国債発行で言えば国）にとってありがたい状態が続いています（金利ボーナス期間と呼ばれています）。住宅ローン、自動車ローン、消費者ローンの借り手も、金利の恐怖を体験した人は少ないはずです。

従来は、金利は成長率を上回るのが普通でしたから、給与の上昇が追いつかず金利を返すだけで精いっぱいという人がたくさんいました。しかし、今はいわば『借り得』の時代」

政府のそうした姿勢が財政規律を限りなく歪めてしまったと指摘する。だからこそ、「財政を健全化するためには、金利ボーナス期間に、単年度収支の赤字幅を十二分に（正確に言えば、少なくとも『成長率－金利』の黒字幅以内にまで）縮めて行かねばなりません。そうすれば財政のさらなる悪化はなんとか回避できます。それが日本の目指すべきボトム・ライン（最低限の目標）であり、王道なのです」

ここまで現役財務次官が警鐘を鳴らしたにもかかわらず、その後二年のあいだにさらに財政は悪化し借金を膨らまし続けている。ボトム・ラインはプライマリーバランスの均衡（次々ページの図表を参照）だと、わたしも考える。

「ゼロ金利政策」が財政規律を崩壊させた

矢野次官は「ゼロ金利」（金利ボーナス期間）であるいまのうちに、財政規律を取り戻せと主張している。この趣旨は正しいとわたしも思う。しかし逆にいえば、この「金利ボーナス期間」すなわち「ゼロ金利政策」こそ、財政規律を完全に崩壊させてしまった元凶ではないだろうか。

黒田東彦が総裁に就任して以降、日銀は、財政法第5条で禁ずる「日銀による国債の直接引受」に等しいことを断行し続けた。結果、日銀のバランスシートが激しく傷んでしまった。

この「ゼロ金利政策」によって、日銀が金利を気にせず国債をどんどん買うことが出来たことで財政規律は大きく歪められた。政府が「借り得」を享受したせいで作った巨額な借金。この10年間（2113年から2024年）で約400兆円である。バケツの底が抜けてしまったようなものだ。他方、矢野次官が指摘したように、その帳尻は、「金利ボーナス期間」すなわち金利がゼロのうちにこそ糺せるのである。要するに金利が上がったら打つ手がなくなると言っていることになる。

ちなみに1932年（昭和7年）、高橋是清蔵相のもと国債の日銀引受が始まるが、それはデフレ脱却のための一時の便法といわれた。その後、戦費調達のために巨額の赤字国債、戦時国債を発行しようとしたのを高橋は体を張って反対した。だが、二・二六事件で彼は軍の凶弾に倒れる。日銀の国債引受を開始した高橋蔵相は、戦争のための赤字国債発行に対しては、文字通り命懸けで阻止しようとして殺されたのである。

日中戦争が始まると、戦費調達のため単年度予算を止めて戦争のあいだはずっと決算をしないという「臨時軍事費特別会計」に移行する。1937年の予算が約20億円だったとも

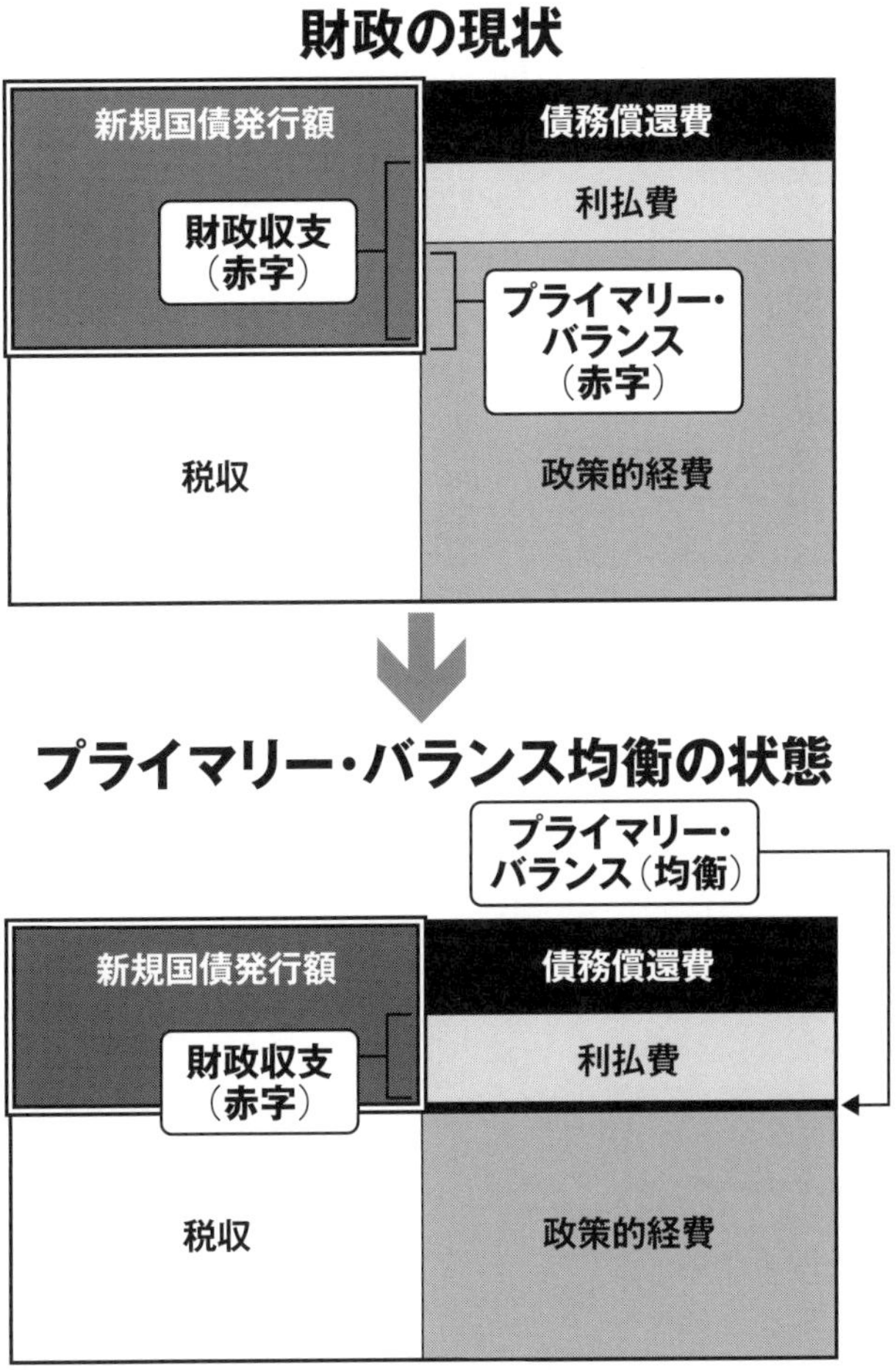

プライマリー・バランス（基礎的財政収支）の均衡とは、税収で政策的経費が賄えている状態。財政収支全体は赤字でも、せめてこの状態に持っていく必要がある。

河村小百合『日本銀行　我が国に迫る危機』（講談社現代新書）
図表を参考に作成

のが、44年度は約735億円と膨張し、敗戦を迎える（金融アナリスト・久保田博幸氏の記事を参考とした）。

この後始末は悲惨を通り越して無惨であった。円の価値は凄まじいインフレで紙屑同然となり、国民の貯蓄は預金封鎖で取りあげられ、巨額の戦費、国家財政赤字の穴埋めに使われたのである。

その大いなる反省の下に戦後すぐに作られたのが、財政法であった。なかんずくその財政法第四条の「赤字国債の発行禁止」と、第五条に謳われた「日銀による国債引受禁止」は、この法律の要諦であった。

現在の日本国政府は、特例国債などと言いくるめて赤字国債となんら変わらないものを発行して続けている。しかも、日銀は事実上の日銀引受といわれる買いオペを続けている。官僚や日銀マンは見かけ上は合法な手段でそれを行っているが、「財政法の精神」は完全に踏みにじられている。

「ゼロ金利解除」の副作用

では、国債発行で財政赤字が膨らむと、なぜ日本経済にとって恐ろしいことになるのだろうか。

第一に、当然のことながら、金利上昇によって国債の利息が増える。「国債費」は令和6年度予算では、1・7兆円増額され総額27兆円となった。「国債費」は「債務償還費」(国債を借り換えるため既発債を償還する費用)と「利払費」からなっており、利息部分の支払いに当たる「利払費」は前年度より1・2兆円積み増し、約9兆7000億円にした。実は低金利のおかげでこんな積み増しは何十年もしたことがなかったのだ。これは利上げに伴う国債の想定金利を平均1・1%から1・9%に引き上げたことによる。国債はざっと9年強で償還・借換を繰り返している。かつて低い金利で借りた既発債を、借換によって順次入れ換えていくため、年を追うごとに利払費(金利負担)が加速度的に増えていくことになる。さらに金利2%上昇となれば、3年目からは約6・4兆円の負担増となるから恐ろしい。

日本国債の格付けが下がる脅威

第二に、国債のレーティングである。

現在、日本国債のレーティングは、格付け機関であるムーディーズが「A1」(9段階の上から5番目）、フィッチ・レーティングが「A」（上から6番目）、S&Pグローバルレーティングが「A＋」（12段階で上から5番目）。おおよそG7主要国のなかで6番目の格付けである（ビリはイタリア）。全体のランキングでは、韓国、エストニア、中国などより低い。

世界で流通する債券はその事業者の母体国の国債レートを上回ることはない。要するにその国の政府が発行する債券がもっとも信用度が高いという前提に立っている。それゆえ、日本国債のレートが下がると同時に、その国に属する企業、銀行などが発行する社債のレーティングが格下げとなる。債券が格下げされると金利が上がり、調達コストに跳ね返るという仕組みになっている。いわば日本国債と心中というわけだ。

例えば、三井住友銀行などは、本来ならば、もっと高いレーティングであってもよさそうであるが、ムーディーズではA1。国債と共にレートが沈んでいるのである。メガバンクなどはいい方で、もともとの格付けが下位にある企業などは、資金調達そのものが危うくなる。心あるエコノミストやバンカーはそうした事態を10年ほど前から憂慮し、警鐘を鳴らし続けていたが、政府にも国民にも届かなかった。

日本銀行が債務超過となる日

第三には、前述したように日本銀行のバランスシートが傷むことが挙げられる。「銀行の銀行」である日銀が金利上昇によって金融政策的に復活すると考えるひとは多いと思うが、いいことばかりではない。日銀は市中銀行から当座預金と呼ばれる預金を預かっており、その残高が540兆円を超えている。

金利が1%上がれば、市中銀行に対しても利払い(付利という。当座預金には3段階の金利設定があるが内訳の詳細は略)が発生し、これだけで5兆円を超える。日銀の自己資本(資本金、引当勘定、準備金)は約12兆円なので、1%上昇のままでも2~3年で日銀が債務超過に陥ってしまうのではないかという議論すらある。これに対して「日銀法の解釈ではそうならない」「中央銀行は破綻しない」と反論する向きもあり、論争となっているが、問題のポイントは中央銀行としてバランスシートが悪化することだ。本来、取るべき金融政策のオペレーションを発動できなくなる恐れもある。そもそも、そんな巨額の利子を付けなくてはならない事態を招くことが問題だ。経済・金融問題の専門家は往々にして、先へ先へと議論を展開する傾向にあり日銀法の解釈などを持ち出してきて、問題の本質を見逃すことがある。

ここまでが、日本の財政状況についてのざっとした概観だ。こうした見方を示しただけで、「財務省の回し者」との批判をネットに晒されるだろう。しかし、財務省などに言われるまでもなく、財政規律の重要性は20年以上前から月刊「文藝春秋」誌上でたびたび記事にしてきた。逆にわたしに言わせれば、この十年の予算編成を見ても、財務省はときの政権に押されっぱなしという体たらくなのだ。こんな予算編成を積み重ねてきた政府の責任は重い。

救いは、国民の一部が、この状況をおかしいと思いはじめていることだ。

ある現役閣僚は、「(岸田政権が打ち出した所得税減税に対して)有権者はもう気が付いてますよ。声がけせずとも、『減税するなんておかしい。この国の財政は本当に大丈夫なんでしょうか』と聞いてくるほどです」と驚きの表情で言っていた。

国民は愚かではない。歳入に比べて巨額支出を行い、かつそれを、国債を安易に発行することで賄っている現実に大いなる不安を覚えているはずだ。

2年前の「予測メモ」

次に、これからの経済政策を考えてみたい。

その前提として、いま日本が置かれている経済環境について触れたい。

理解を進めるために、2022年2月4日付けで政権要路に提出した、わたしのメモを紹介しておく。タイトルは「グリーンフレーションの恐怖」。〈胸底がざわざわする予感がする。いまの日本経済は、『1997年の金融危機』『2008年のリーマン・ショック』に匹敵するクライシスが接近している状況なのではないか〉という書き出しだった。

以下、日本経済の現況について分析していく。

〈①コロナ禍から回復基調にあるものの、『好況』とは到底言えない状況。

②原油をはじめ資源高を背景とした世界的な物価上昇が起こっている（グリーンフレーション）。岸田政権が目指す『分配』の前にインフレが進行している。

③次年（23年）度はアベノミクスの延長線上に大型の予算が設定されていて、インフレターゲット2％の『デフレ脱却』を目的とした政策が継続中。

④対してアメリカのFRBは、この（2022年）3月にも利上げをする見込みで、『金融緩和からのEXIT』を達成しようとしている。

⑤日本は足元の経済の弱体化、日米の金利差などから円安が進行している。

⑥原油高は、カーボンゼロ（2050年を目処に化石燃料ゼロへ）を標榜するなか、産油国の生産は増えず、当面は継続される見通し。

⑦ウクライナ危機は、原油、天然ガスの産出国であるロシアの動向を不安定化させ、さ

らなるエネルギー危機が生じる可能性がある。

⑧日本はバブル崩壊以後、20年以上にわたってゼロ金利政策を選択してきた結果、本来、日銀の緊急避難的な金融政策が常態化、慣れっこになってしまった（かつて速水元日銀総裁は「ゼロ金利」をできるだけ避けようとしていた）。

⑨このゼロ金利の長期化は、金融当局者はもちろん、メディアからもリアルな金融感覚を奪ってしまった（日経ですら、40代半ばの記者たち以下は「金利のあった時代」を知らない）。一般国民も、たとえば「住宅ローンは低金利」という誤った常識を持つに至った。「金利のある世界」を知らない世代が働き盛り。

⑩日銀の黒田総裁は、欧米の利上げの動きに「異次元金融緩和」を継続すると胸を張ったが、こうした政策がいつまで続けられるのか。世界経済がインフレへと動き、金融引締めへと舵を切った。潮目が大きく変わってしまったにもかかわらず、金融緩和を続けるという。中央銀行総裁としての見識が疑われる（「ミスター・ゼロ金利」（黒田日銀総裁）には、口が避けても「ゼロ金利解除」とは言えないだろうが）。

★世界が原油高・資源高からインフレが進行しているのに、日本政府は依然としてデフレ脱却の大型予算を組み、異次元金融緩和を続けるという。しかも、原発も動かさないために電力供給は既に危機的状況（東電管内）を生じている。世界の経済状況が激変してい

るのに、黒田日銀も岸田政権もインフレ促進政策を取り続けるミスマッチは悲劇的とも言えるのではないか〉

本質的な動向を見極めていく

――わざわざ2年前のメモをもち出したのも、経済政策を考える上では、まずは現状分析を行うことがもっとも重要であると強く意識しているからである。日本を取り巻く経済環境、この場合はカーボンニュートラルを目指したことで、却って資源国の供給不足を招くことになり、エネルギー危機、さらにはインフレ（グリーンフレーション）を助長すると言われていた。日本のように資源のない国への影響はさらに大きい。同時に、ガソリン価格や電気・ガス料金を直撃し、物価高を招いたのである。

また、アメリカのFRBによる景気過熱、金融引き締めが見えていたことから、「金利が上がる国（アメリカ）」と「金利を上げないゼロ金利の国（日本）」とのあいだで、金利格差が生じ、為替が動く。当然、円安が加速するとの予測が成り立った。そのため、日銀をはじめ金融当局は、「ゼロ金利解除」に向けて動き始めるだろうとの予測は容易であった。

2年後の結果としては、エネルギー危機、円安、物価高、金融緩和解除へというトレンドに関する予想は当たったが、日本が経済危機に陥ることはなかった。わたしは、コロナ禍における30～40兆円の大型補正予算を三年連続で組み、さらに景気・経済対策で予算が膨らんでいるため、大きな調整、リセッションが起きるのではないか、と考えていた。しかし、率直に言って、この目論見は外れたのである。ただし、日本経済の先行きは予断を許さないとはいまも考えている。

こうした予測が外れた「メモ」を示したのも、わたしが考える大摑みの経済状況の分析姿勢を明らかにしたかったからだ。経済指標は数多あり、経済評論家の見通しも、その数だけ存在すると言われるほどだ。そのなかで、できるだけ本質的な動向を見極めていくことこそ肝要だと考えている。もちろん、このメモのように当たっているところもあれば、外すこともあるわけだが。

経済政策の方向性を考える

では、経済政策の具体策としては、一体何をするべきなのだろうか。

先に経済政策には①金融政策、②公共投資、③産業政策の三つがあると記した。その詳細はその時々の経済状況に応じて考えていくべきであるから、ざっくりとであるが、それぞれの目指すべき方向性を示していきたいと思う。まずは金融政策である。

これは、多くの専門家が指摘しているとおり、アベノミクスによる「異次元金融緩和」が限界を迎えた。国際的な経済環境も一変した。コロナ禍への対応で世界各国が金融緩和をジャブジャブ行い、巨額の財政出動を実施し、世界的なインフレ状況になった。ここから導き出される結論は明確なはずだ。日本でも、金融緩和から引き締めへ、ゼロ金利政策解除の方向に舵を切った。

植田和男新総裁が異次元金融緩和解除の道を慎重に探ってきた。市場との対話を重視しながら徐々に引き締めの方向にもっていくだろう、その選択肢は正しい。むしろ、総裁を退任しても「異次元金融緩和」の正しさを日経の「私の履歴書」で開陳する金融界の最高責任者の妄執ぶりに呆れる。そのツケを払わされる、現在の日銀執行部はお気の毒と言うほかない。黒田総裁体制を支えた前副総裁の雨宮正佳が頑として次期総裁就任を固辞し続けてきたといわれたのも、こうした状況を正確に把握していたからだろう。

これから金利を上げるしか道はないとしても、同時に、その副作用に対応しなくてはならない。まさにナローパスである。現在の植田体制はそのことを十分に認識しているように見える。

新規国債の発行はやめよ

第二に公共投資（財政出動）である。

ここまで財政赤字、国債残高を膨らませてしまった以上、わが国の最も重要な経済政策の課題は財政問題だとわたしは認識している。少なくともこれ以上の新規国債を発行する予算編成などはやめるべきだ。まったく残念だが、ここまで借金が膨らんでしまった以上、避けて通れない。この大枠に反対するひとがそう多くないと信じたい。新規の財政出動は控えるべきだ。だからといって公共投資がゼロになるということではない。

古くて新しい課題である財政再建のための、歳入と歳出の見直しを計る。マクロ的に見ると、日本は長らく社会保障と国民負担の比率の観点では、「中福祉・中負担」であった。それが、徐々に「高福祉・中負担」に移行している。あくまで世界的な比較においてであるが、たいした負担をしていないのに高福祉を享受している国なのである。その認識がないから、「消費税を上げる」と聞いただけで異様な反応を起こす。現在のような社会保障をサステナブルに受けるためには、残念ながら、ある程度の負担を覚悟しなければならない。かつ、若年層の勢いを削ぐのではなく、むしろ高齢者が負担を引き受けるようなかたちでバトンタッチしていかないと、この社会保障システムは維持できない。これは与野党の立場の違いとか、思想信条の問題ではなく、算数レベルの設問だろう。

おそらく20代、30代の若いひとたちは、「自分たち世代への皺寄せが延々と続く」、この財政システムの理不尽さに本能的に気付いている。だからこそ、この国で安心して子供をつくり育てることに前向きになれない。少子化問題の根底に、財政問題が横たわっているのではないか。

最大の問題は医療費

歳出見直しの中核となるのは、間違いなく医療費である。

1990年（バブル崩壊の年）から2024年度の予算を見ていこう（次々ページ図表）。

予算規模は、歳出が66兆2000億円から112兆6000億円に、46兆円強増えた。主な歳出項目を比較すると、公共事業はおよそ6兆円、文教・科学技術も5兆円台で大きく変わらない。（地方）交付税も15兆円台から17兆円台へ増えているが微増というレベル。防衛予算は、2兆7000億円ほど増えている。だが、なんといっても大きい支出は、社会保障費の増額である。社会保障費は11兆6000億円（予算全体に占める割合17・5％）から37兆7000億円（同33・5％）。26兆1000億円増えたことになる。税収は11兆60

00億円ほど増えてはいるが、90年には発行していなかった特例国債を29兆円も出している。これをまるまる社会保障に当てていることになる。

では社会保障費の何が増えているのか。わたしは、介護費用ではないかと考えていたが、政権幹部はこう解説する。

「介護については、保険料に応じたかたちがまだ対応できている。最大の問題は医療費だ。ここが少子高齢化にともなって飛躍的に伸びてしまっている。国民皆保険というのは素晴らしい社会インフラであることは理解しているが、残念ながら、これを維持するだけのシステムの設計が人口比率の激変に対応できていない。薬価、診療報酬、国民負担などあらゆるところから見直していくことが急務だ」

国民皆保険という医療保険システムは維持したい――これは皆賛成。しかし、国民あるいは医療関係者がそれぞれ応分に負担する、あるいは報酬を減らすといった各論には、反対する。にっちもさっちもいかないのが現状だ。

バラマキ政策の末路

医療費の問題の本質は、医療の側が、「この患者には○○が必要です」と言って支出し

1990年と2024年の歳出・歳入の構成比較

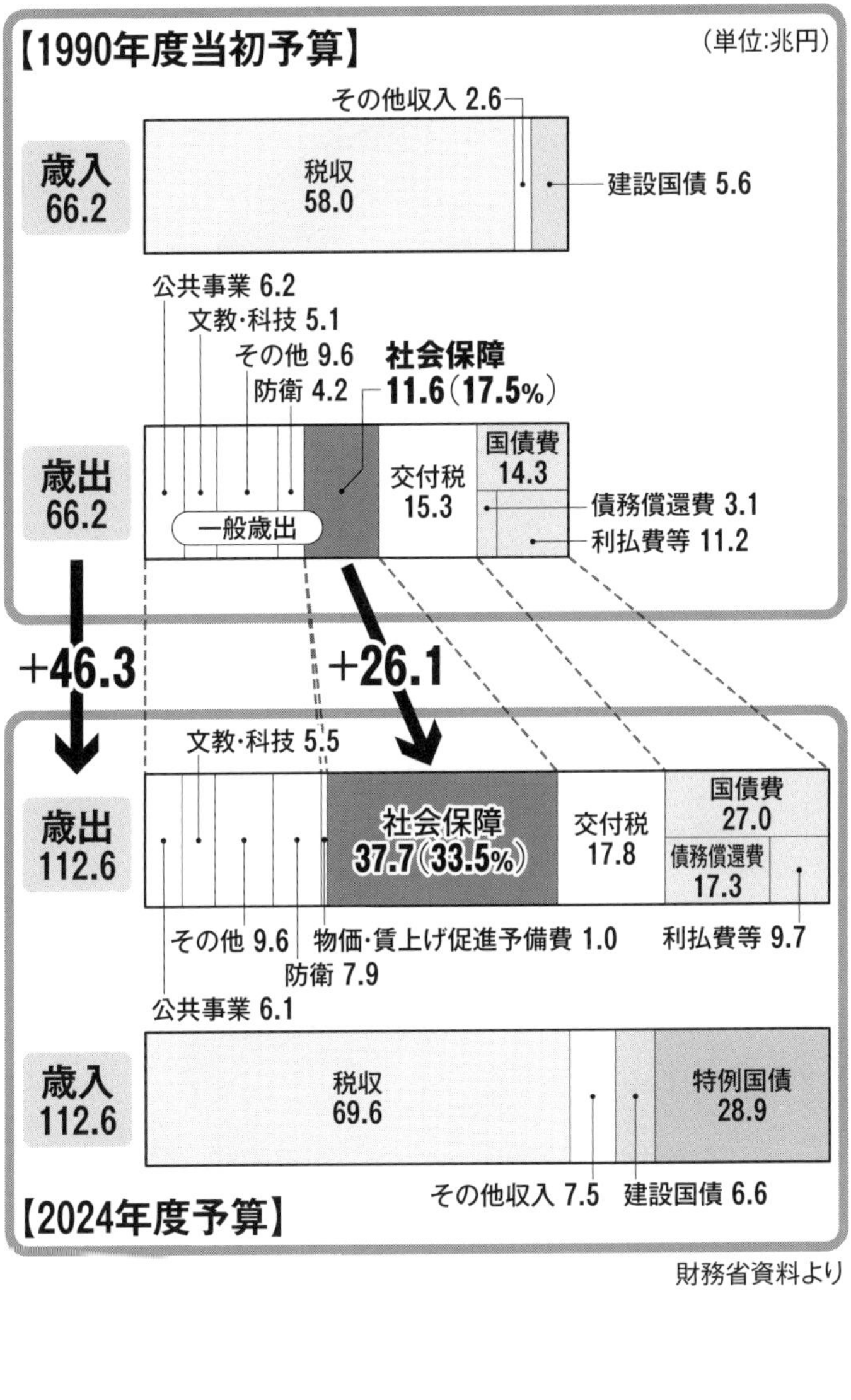

財務省資料より

2024年度一般会計予算
歳出・歳入の構成

一般会計歳出（単位:兆円）

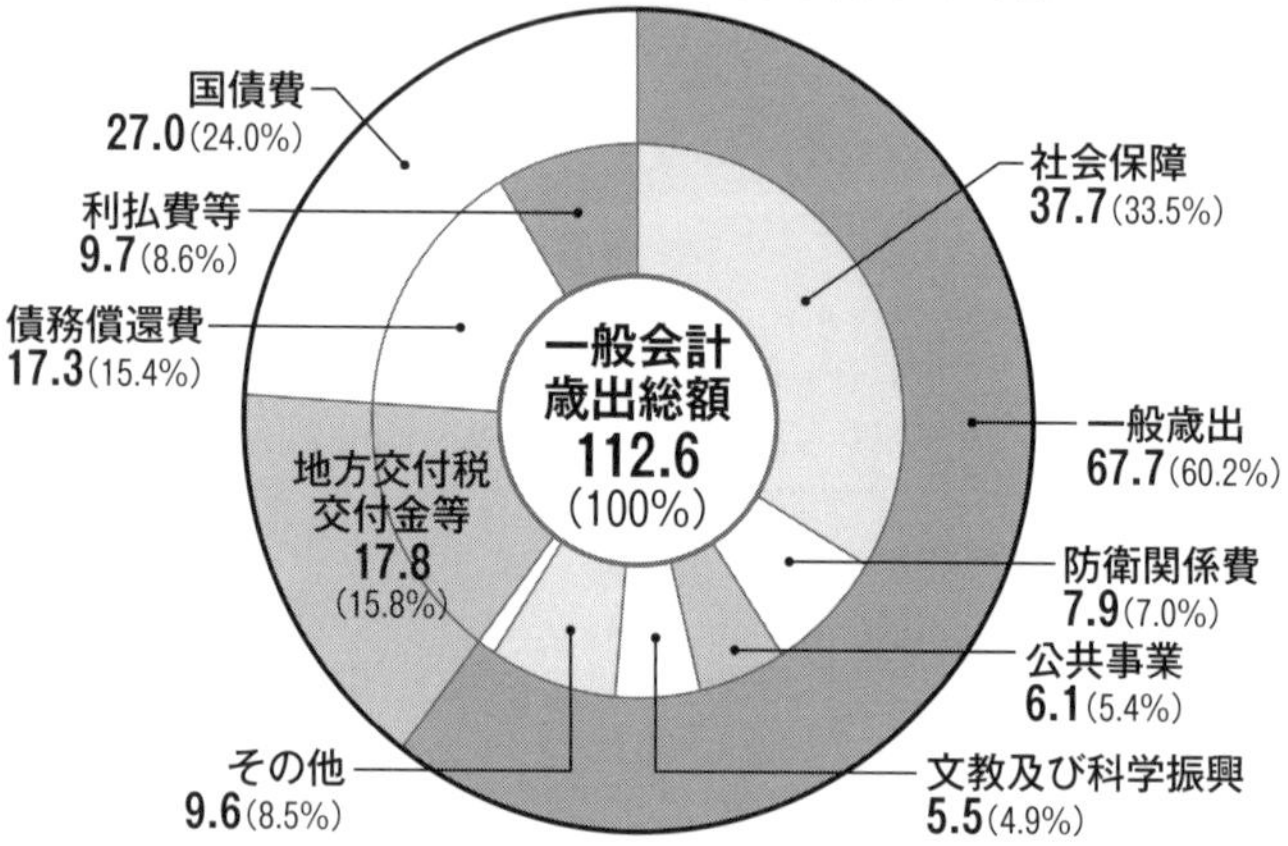

一般会計歳入（単位:兆円）

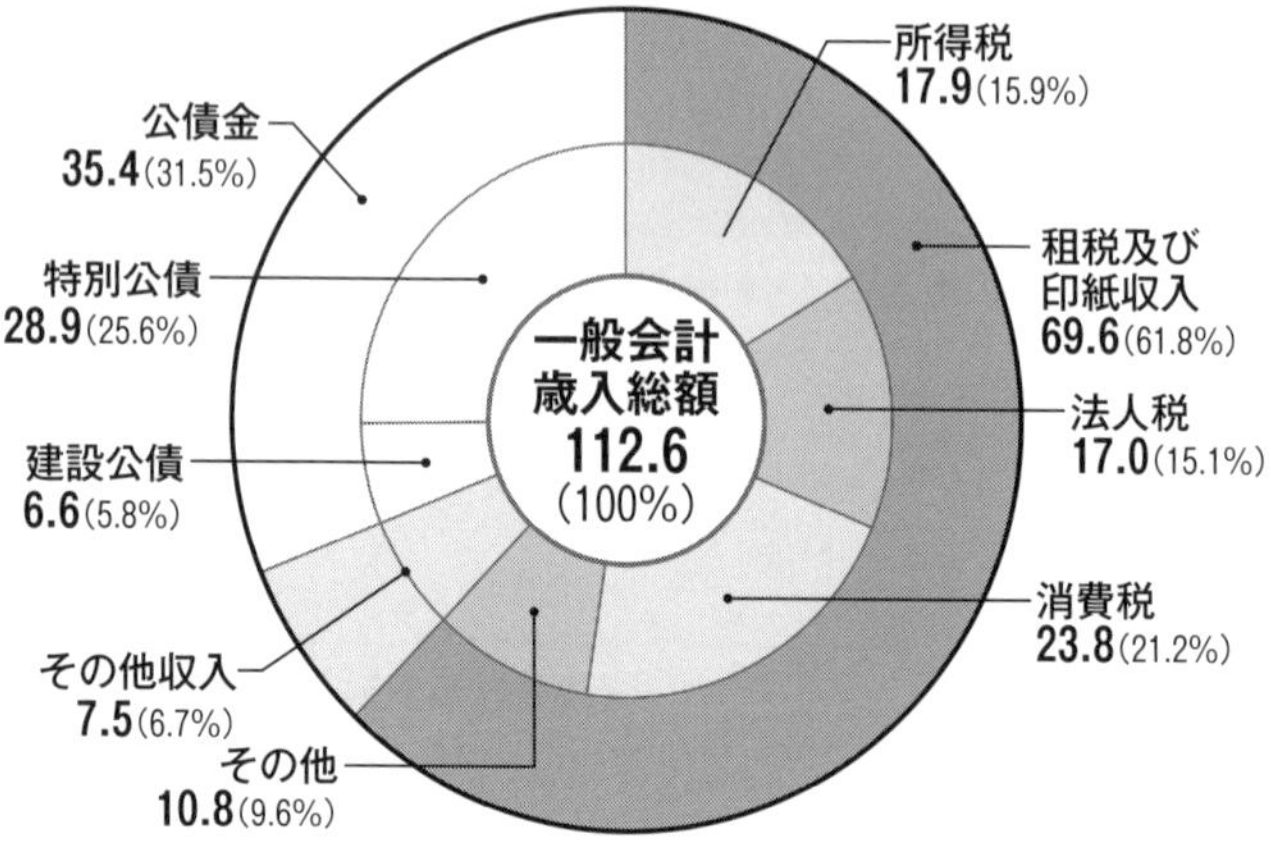

たものは全て国なり保険料なりで賄わなくてはならないことだ。すなわち、「供給サイドが需要を決める珍しい財」であり、特異な業態なのである。有体《ありてい》にいえば、医療はやった者勝ちの世界で、「ヤブ医者ほど儲かる」という構造になっている。ここが大問題だ。

この問題の解決策は三つの方向性があると考えられている。ひとつは、この供給する側が決めるという構造にメスを入れて、いままでのようになんでもかんでも大病院で診療を受ける仕組みを改めることだ。「かかりつけ医」制度というのもその発想に基づいている。これまでのフリーアクセスの医療制度に一定の歯止めをかける。第二に、医療費の負担をより公平にすることである。現在は年齢と収入によって、医療費の自己負担は決まっているが、これを能力、すなわち個々の家計事情によって経済的負担を公平化する。要は金持ちにはそれ相応の負担をしてもらいますよ、という考え方だ。第三には、クスリの濫用に歯止めをかけることだ。医療の側はとにかくクスリを出すことで儲かる。この仕組みをコスパを重要視した薬価のあり方に変えたり、ここでもある程度の自己負担を求める。

要は、60歳以上でも所得がある、あるいは金融資産があるひとにはさらなる応分の負担を願う。そうしなければ、拡大していくいっぽうの医療費を国債発行という形で若い世代に先送りし負担させる未来となってしまう。ただちに医療体制全体の見直しに手をつけるべきではないか。

にもかかわらず、選挙があるから政治家はこの不都合な真実を言いだせない。大票田である医師会などの医療系圧力団体、高齢者たちも、この改革にもの凄い勢いで反発するからだ。財政問題の核心は医療問題なのである。

矢野次官が止むを得ず声をあげたように、政治家たちはもういい加減に有権者の耳に心地良い「バラマキ」は止めるべきだ。「バラマキ」がご法度なのはもちろん、むしろ与謝野が示したように「社会保障サービスを維持するためには負担が必要」と国民にきちんと説明して説得するほか道はないのではないか。政府にはカネがない。それを受け入れられないほど国民に理解力がないとは思えない。そうでなければ、財政破綻という、多くの国民が塗炭の苦しみをともなう茨の道を選択するしかなくなってしまう。そして、その大いなる負担は今の若い世代にさらなる皺寄せがいくことになる。

おそろしい数字をあげれば、仮に日本が財政破綻の場合、諸外国の先例から試算すると、日本国の政策経費（一般会計予算から国債の元利払いや地方交付税交付金などを除いた費用）をざっくり4割カットしなければならなくなるという（日本総研・河村小百合主任研究員の試算）。バラマキを続けるか、医療も介護も補助金も何もかもを4割カットするか、そんな事態を考えてから政策を決めるべきだ。

経済産業政策の新機軸

第三に産業政策について触れたい。

２０１３年から始まったアベノミクスの三本目の矢である成長戦略。民間投資を喚起する構造改革と謳ってはいたが、悔しいことに7年8ヵ月のあいだには特筆すべき成長分野が生まれなかった。ただ菅官房長官が主導したインバウンド政策は新たな成長分野となったといえよう。

第三章でも触れたが、実は30年前の「梶山10兆円構想」のなかでも、この産業政策については通産省や民間エコノミストから様々な知恵を借りた。新たな成長が見込まれる分野として、環境、宇宙開発、バイオといった分野を成長と見込んでいたが、アベノミクス同様、うまくいかない結果に終わっていたのかもしれない。ただ、ベンチャー育成やその環境整備、特許権の確立などいまの経済対策を先取りした中身もあった。逆に言えば、産業政策に真面目に取り組むならば、出てくるメニューにそう目新しいものはラインナップできないように思う。

あまり知られていないが、現在の岸田政権が決めた経済政策はかなり画期的なものとなっている。

齋藤健大臣率いる経産省では、「世界的潮流を踏まえた産業政策の転換」すなわち、「経済産業政策の新機軸」を打ち出している。市場、マーケットに任せるといった新自由主義的政策から、政府が積極的に介入し、官も民も一歩前に出て、あらゆる政策を総動員するとぶち上げた。さすがに「新しい資本主義」と呼ぶのは控えたようだが、結構な額の政府のカネを使って産業界を後押ししようという姿勢に転換している。

日本経済の現状について、経産省は「潮目が変わった」と判断している。91年以来、企業の設備投資はずっと100兆円を割っていたものが、2023年は100兆円を超えてきたことが大きい。春闘も30年ぶりの高水準となり賃金も上がり始めた。マクロに変化が見えてきたことを、その要因に挙げている。

こうした流れを見越して、21年から「経済産業政策の新機軸」と名付けた政府のカネを使った施策を次々と打ち出している。たとえば、GX（環境対応の産業構造の転換・成長志向型カーボンプライシング構想）に1・6兆円、DX（デジタル・トランスフォーメーション）で半導体、次世代計算基盤構築（AI）に2兆円、蓄電池に4000億円を支出することが決まっている。さらに経済安保促進（重要物資の確保）で800億円を積んだ。産業の芽を育てるという意味でスタートアップ5ヵ年計画に、補正予算で1兆円を計上しており、税制改正も行う。リスキリング「人への投資」ということで、5年で1兆円。また、中小企業の新陳代謝（事業再構築補助金）のために総枠で2・4兆円を支援することに決めている。ざっと、これからの3年から5年のあいだに、およそ8兆4000億円以上の資金を投入しようというのである。当時の西村康稔経産大臣は「アニマルスピリッツを牽引する『将来需要拡大』への期待」と言っていたそうだが、言っていることは的外れではない。

そして、三つの好循環、国内投資→イノベーション→所得向上に向けてがんばると言うのだ。公的投資を集中的、戦略的に投下して、好循環を生んでGDPを押し上げよう、という構想なのである。

こうしたせっかくの重要経済施策が、所得税減税問題、そして安倍派の政治資金問題で埋没してしまったことは残念だ。日本が今後、何を食い扶持とすべきか、常に議論が求められているはずである。

ショートレンジの経済政策

これまで三つのマクロ的な視点から経済施策を見てきたが、レイヤー（階層）の異なる視点も必要だと思う。それはショートレンジの経済政策である。

ひとつは菅義偉が得意として展開したような施策だ。第二章で触れたが、個別の国民的な課題を吸い上げ、それを課題として短期集中型でアプローチしていく。大きな進展をみせたものだけ挙げても、菅が官房長官時代に示した観光立国の推進（ビザ緩和、免税品の拡充、公共施設・迎賓館の一般公開）、農林水産業改革（TTP、輸出促進、農協・漁協改革）、この二つは官房長官に成り立ての頃から、意欲を示していたのを直接聞いている。このセリフはドスが利いていた。いちご農家出身の菅は農協改革について若いときから関心を持っており、それを政治の場で実現しようとしていた。

さらに、ふるさと納税の利用拡大、外国人人材の活用（特定技能労働者制度の創設）、携帯電話料金の引き下げ、洪水対策（ダム事前放流メカニズムの構築）がある。新型コロナへの対応策の陰でその業績が埋もれてしまっているが、実は経済安全保障の分野で、産業のコメといわれる半導体供給網の整備にも相当にちからを入れて目配せしていた。

それぞれの施策は、事前に業界の事情なり、その業界を担う組織を調べ上げたうえで、改革に着手する。その際、改革に反対する抵抗勢力は力づくで排除する。手法はシンプルだ。

簡単なようだが、それぞれ既得権があり役所の壁もあって、容易に改革ができないのだが、それを菅はシナリオを考えて実行していく。長く永田町を見てきたが、菅のようなタイプは非常に少ない。

課題の大きさに大小はあるが、菅のように、国民のニーズを汲み上げてそれに対応するアプローチをもっとトライすべきではないか。

国家の政権構想としては、先に示したマクロ的な3政策（金融政策、公共投資、産業政策）を掲げながら、一方でショートレンジの政策メニューを組み合わせていくのがベストではないかと考えている。

次代を担う政治家たち、官僚のみなさんにお願いしたいのは、まずは現状分析をきちんとやってほしいということだ。岸田政権が打ち出した「新しい資本主義」のように、キャッチフレーズ先行で、あとから中身を詰めるようなやり方は間違っている。現状を徹底的に分析してこそ、自ずと次の道、採るべき政策が見えてくるのではないか。そして、実現すべきと決めたら、霞が関を動かし、国会審議のスケジュールに乗せる（「政治とはスケジュールである」と喝破したのは、政治評論家の後藤謙次である）。それを一気通貫させてこそ、政策が前に進んでいくと思う。

「経済戦略」のない国

この30年を振り返って痛感するのは、この国に大枠の「経済戦略」がないことである。

戦略がないからこそ「失われた30年」を招いた。それは数十兆円単位で富が失われてきたことに他ならない。あるいはもっと大きな国益を失っているのかもしれない。かつて国家戦略がなく世界の40ヵ国以上と戦って敗れた太平洋戦争と同様、この国は依然として大戦略を立てることが不得手のようだ。

ならば、戦略をもつ政治家を選んでほしい。そうした人物に政権を担ってもらいたい。そのためのサポートとして、官邸に「経済戦略センター」といった組織をつくり、しかるべき報酬を払って優秀な人材を集めて戦略を練るべきではないか。政権が交代するたびに、場当たり的な経済政策が出てくるのは不幸の連鎖である。たとえば、アベノミクスの8年弱を検証するなど、中長期的なビジョンをチェックしていく組織があれば、政策の継続性はかなり違ってくるのではないか。もっと手っ取り早く官邸スタッフに「経済担当補佐官」を常設するのも一案である。

これからの時代は、継続性のある「経済戦略」の担い手が求められている。それには霞が関はもちろん、民間からもポリティカルアポインティ（政治任用）で人材を登用する。何よりトップである総理大臣に、「経済戦略」の重要性を理解する器が必要なのだが……。

あとがき

私が最初の月刊「文藝春秋」編集者時代、それも細川護煕の新党宣言を担当し、その後首相になった少しあとのことだ。93年12月16日に田中角栄が亡くなった。その年の暮れもおし詰まった頃、担当していた立花隆さんの小石川の事務所（通称「猫ビル」）を訪ねた。もう零時を回るころだったと思う。

まだ立花さんは起きていて、新聞の切り抜きをしていた。立花さんは文春ＯＢで、しかも在籍3年足らずで辞めてしまった。週刊誌の仕事をやらされていてすぐに書き手となって活躍していたが、性に合わなかったらしい。東大の哲学科に学士入学し、学生に逆戻りした。その後の立花さんのすさまじい業績は置くとして、月刊誌の連載「臨死体験」などを担当したことで、後輩のわたしもちょっとだけ面倒をみてもらっていた。たまにふらっと夜中に訪ねては雑談に応じてくれた。その時間は、いつも妙にたのしいひとときだった。

角さんの最後のあいさつ

この日は、企画の相談もあったが、立花さんにひとつ確かめたいことがあったのだ。「角栄が死んだ日に、立花さんがぎっくり腰になったらしい」という噂話の真偽を知りたかった。実際、立花さんは腰が痛そうだった。笑っちゃうのを堪えながら尋ねてみた。

「角さんが逝った日にぎっくり腰になったそうじゃないですか」

すると、ものすごく不機嫌そうに呟いた。

「オレはそういうことは信じない」

さらに事実関係を質すと、確かに角栄が逝った時刻あたり、座りながらゴミ箱を動かして腰を痛めたという。

「やっぱり、角さんが最後のあいさつをしていったんじゃないですか」

と問うたが、立花さんは何も答えてはくれなかった。

立花さんは、脳や超能力にひと一倍興味はもっていたが、こういう非科学的というか、迷信は嫌いだったようだ。言うまでもなく、立花隆の筆名を高めたのは1974年10月発売の「文藝春秋」における「田中角栄金脈研究」だった。雑誌の記事によって、一国の総理を追い詰め辞任させたことで雑誌ジャーナリズムの地位を確立した。たいへんな偉業だと思う。

立花さんによる金脈研究、ロッキード事件研究の25年後、わたしも、アメリカの機密情報公開によって新たにわかった事実を取材し特集したことがあった。実は立花さんの著作には、公開されないキッシンジャーの議事録にはこういうことが書いてあるはずだとの記述（『田中角栄研究』）があって、それが悉《ことごと》く当たっていたことに驚いた。圧倒的な資料の読解力、緻密な分析能力を持つひとだった。

権力亡者になる政治家たち

わたしが関わってきた記事が、立花さんのそれに遠く及ばないことはよくわかっている。雑誌ジャーナリズムにおいては、政治家は国家権力の象徴であり、その権力を国民に代わって監視するのがその役割である。近年でも、それは「安倍一強」といわれた第二次安倍政権下でもモリカケ問題を暴き、その暴走に歯止めをかけた。また昨年末からの自民党安倍派の裏金問題では、最大派閥のお粗末ぶり、不正、驕りを明らかにした。

権力は必ず腐敗する。

40年も永田町を見てくれば、この言葉がいかに真実であるか、身を以て知ることになる。それまでは常識を備え、ひとの話をよく聞く政治家が、権力を手にしてしばらく経つと別人のごとくなり、権力亡者になっていった例は何度となく目にした。残念ながら、そうした人物は実在する。ほんとうに困ったものだと思う。それがゆえに、記者は権力をチェックするため、彼らの不正を不断に取材し続けている。

ただ、疑惑追及といった仕事を続けている傍らで、反権力だけでいいのか、という思いもあった。たとえば功罪の罪は大きいが、田中角栄以上の政治家を、日本は果たして何人持てたのだろうか、と思う。政治家を叩いて、日本の政治はよくなったのか。反権力以外の道はないのか。そのささやかな思いから編集者として政策立案に何がしかの関わりをもつことになった。本書はその記録として書いたつもりである。

そして慌てて付け加えたいのは、この本の記述は、あくまでわたし個人から見た、その直接体験の事実に基づいているということだ。その限界も承知している。言い換えれば、わたしが持つライトの光が届く範囲でしか見えていないということだ。この本に登場する主役たちを知る周囲の方々には、自ずと別の真実があるに違いない。「この見方は違っている」というご指摘があれば、素直にお聞きしたいと思っている。

衰退国家になる！

「このままでは日本は衰退国家になる！」

梶山静六が腹の底から、絞り出すようにして口にした、この言葉を忘れることができない。

梶山が逝って既に四半世紀が経とうとしている。いまの日本経済の歩みが、衰退ではない方向に転じているかというと甚だ心許ない気がしてならない。亡くなる半年前、常陸太田の自宅を訪ねた折り、酒宴でもてなしてくれた。以前から尋ねてみたかったことがある。

「先生は、どなたを尊敬されていますか」

心密かに「田中角栄」という答えを期待していたのだが、外れた。拍子抜けするような名前が返ってきた。

「モルトケだ」

その人物を解説するわけでもなく梶山静六は呟いた。

「ええッ、あのドイツ参謀本部の生みの親のモルトケですか」

98年の総裁選の折り、田中真紀子が梶山を「軍人」と評していたことを思い出しておかしくなった。しかしすぐに、若いころに読んだ『ドイツ参謀本部』（上智大学教授・渡部昇一著）を思い起こしていた。ヘルムート・フォン・モルトケは、プロイセンの参謀総長として普墺戦争と普仏戦争を勝利に導き、ドイツ統一に貢献した。何よりクラウゼヴィッツの「戦争論」を体現した大戦略家である。

梶山はモルトケのような戦略家を志していたのではないか。そして金融危機に際して、その戦略の才を見せた。ただプランを練るだけではない、その実現性に向けて、霞が関も永田町も動かし、「金融再生＝ルネサンス」に向けて尽力した。本文でも触れたが、その方針は間違ってはいなかったといまも考えている。あのとき、ハードランディングしていれば、日本経済の「失われた30年」も別の道が開けたのではないか――。

そしてまた、そうした戦略の才に乏しいのが我が国の現状ではないか。

財務省の「口のひと」

これまでに会った官僚のなかで、「このひとは戦略のリテラシーがある」と感じた人物が二人いる。その一人が財務省元事務次官の香川俊介だった。香川が、主計局総務課長だったころ、知人の紹介で昼飯を食べた。それが縁で、香川が亡くなった2015年8月9

日まで交流を続けた。香川は気さくな人柄で愛嬌があり、しかもグルメだったが、いつも仕事の話をした記憶しかない。

香川の病が小康状態だった、その年のゴールデンウィーク前。珍しくというか、初めて香川から、「あの銀座の寿司屋に行きたい」とリクエストがあった。では快気祝いをしましょうとカウンターで長話に興じた。安倍晋三の第一章で触れたが、民主党政権下で「税と社会保障の一体改革」をなし遂げた香川の財務省幹部としての最後の大仕事は、消費税を10％に引き上げることだった。これは予《あらかじ》め税率を上げることが法律に明記されていたが、2014年には、安倍総理が解散・総選挙という離れ業まで使い、財務省の主張を退けたこともあった。その後、次官として、消費税率アップに道筋をつけた香川は、この日饒舌であった。その場である種の「財務官僚論」のようなものを語り始めた。

「ウチの会社（財務省）には二種類の人間がいるんだよね。書くひとと口のひと。書くっていうのは法律を作る、予算案を作るひと。でも、やっぱり最後は口なんだよなあ。ウチには頭のいいひとはたくさんいる。でもそれは書くひとなんだ。でもそれだけでは（役人は）務まらない。自分の信じるところを、（国益のため）口で伝えて、ひとを説得しなければならないでしょう。政治家を説得するのは口なんだよなあ。だから彼（後輩の実名を挙げていた）は口がうまいでしょ（笑）」

永田町、政治家に気にいられ出世したいなら、消費税増税などは口にしない方がいいに決まっている。しかし、彼は重篤なガンの病を押して議員会館にご説明に回っていた。その政治家の根回しも順番も含めて十分に戦略的だった。そして、己の信じる政策を通して亡くなった。まさに殉職したに等しい。「公僕」の名にふさわしいひとだった。

戦略に長けた「外交のひと」

もうひとり、戦略に長けた「外交のひと」がいた。外交評論家の岡本行夫だ。岡本の場合は月刊誌で彼のスキャンダルに触れた記事を担当したことで、逆に親しくなった。奇妙なことである。

よく知られているように、外務省北米一課長のとき、将来を約束されていたエリート外交官の地位を投げ打ち、1991年に民間のコンサルタント会社を立ち上げた。民間人になっても、外交戦略を説き続けていた。中東問題に詳しく、また沖縄の辺野古移転では、独自の案（海上フロート滑走路構想）を政治家に説いて回っていた。その岡本を補佐官として使っていたのが、官房長官時代の梶山静六だった。梶山の代理人のように、沖縄に出向いては、影響力のあるひとと飲み歩いていた。

岡本のひとへのアプローチは独特だった。とにかく飲んで飲んで飲んで、というぐらいにひとの懐に飛び込んでいく。わたしもホテルオークラのバーに午後10時集合という感じで呼び出され、夜更けまで、政局や日本外交の行く末について教えを乞うた。おそらく、わたしは「壁打ちテニス」の壁の役割だったのだろうと今では思う。自分の考えをしゃべることで、取捨選択して彼自身の戦略をまとめていっていたのだろう。その岡本も、2020年、新型コロナによって亡くなってしまった。彼に酒を鍛えられたことで、いまもウイスキーのシングルモルトに嵌まっている。

香川と岡本、ふたりに共通するのは権力の中枢に飛びこんで中からこの国を変えようとしたこと、あるいはその志があったことだ。

「編集者」の仕事

編集者の仕事は、さまざまなひとに会い、その人たちから知恵を授けてもらいながら、ひとつの作品を形づくっていくことだろう。それには、ご縁のできた方たちから信頼してもらわないと成り立たない。本書の冒頭に記したジャーナリストの佐藤正明の言葉だが、「人間はしゃべる動物だ。信用してもらったら何でも喋ってくれる」。このセリフは、「佐藤さんはなぜそんなにスクープができるのか」と問うたときの答えであった。

たとえば、金融危機対応の経済政策を組み上げていく際には、日本銀行のアナリストのデータがあり、それを元にした大手シンクタンクの経済アナリストからの見立てを聞く。それをひとつの政策案としてまとめ、経済官庁のサポートを受ける。その最終案を政治家に持っていき、説明して、そのプランを採んでいく。譬えていえば、まさしく廊下トンビのようなものである。ただ、トンビとしては訪ねていく順番だったり、その人物のグレードが大切だったりする。それぞれの教えの、何がポイントであるかを正確に摑まないと出入りを許されない。

いま、わたしの手元に1万5000枚ほどの名刺がある。編集者をやったおかげで、本来なら目通りも叶わない数多くの方々の知己をいただいた。そのうち、年賀状を出すのが1000人ほど。電話取材をして「この事件（事象）のウラには何があるんですか」と尋ねることができるのが200人ほどだろうか。さらにコアにお付き合いしているのが、20人。わたしの能力ではそれが精一杯だ。そして、この本で書かせていただいた政治家、官僚、経済人、ジャーナリストは、そのコア中のコアの方々である。ただただ、感謝しかない。

その人たちと出会い、知恵を授けていただき、政治の場で、なにがしかをトライした。

それがうまくいった例もあれば、大失敗したこともある。いずれにせよ、それは編集者冥利に尽きる日々であったと思う。

そして、編集者にとって最も重要なことは、「問い」であると思っている。

ひとつの事象の裏側には何があるのか、その「本質的な問題は何か」を問う。さらに枠を広げると、話題の主は「善人か悪人か、いったいどんな人物なのか」、この流行りの背景には何が潜んでいるのか。その時々のタイムリーな「問い」を集めて掲載するのが雑誌の役割ではないかと思う。そのテーマが面白く、てんこ盛りなら読者に受け入れられる。本書でいえば、なぜ日本は経済的に貧しくなってしまったのか、日本人はどうして所得があっても消費でなく貯蓄してしまうのか。具体的な問題では、日銀はどうして巨額の国債を抱えているのか、そもそも国債を発行して財政を回しちゃうことに後ろめたさはないのか。円安はなぜ止まらないのか——疑問がぐるぐるアタマを巡る。本書がはたして答えに到達できたかどうか。編集者としては、さらなる「問い」を考え続けていきたい。

主な参考文献

『破壊と創造』(講談社)　梶山静六
『安倍晋三　回顧録』(中央公論新社)　安倍晋三
『美しい国へ』(文春新書)安倍晋三
『政治家の覚悟』(文春新書・文藝春秋出版局)菅義偉
『内訟録　細川護熙総理大臣日記』(日本経済新聞出版社)　細川護熙
『日本新党　責任ある変革』(東洋経済新報社)　細川護熙編
『語る』(文藝春秋)　小沢一郎
『死に顔に笑みをたたえて』(講談社)　田﨑史郎
『安倍官邸の正体』(講談社現代新書)　田﨑史郎
『政治家失格』(文春新書)　田﨑史郎
『官邸官僚』(文藝春秋)　森功
『劣化国家』(東洋経済)　ニーアル・ファーガソン
『強欲資本主義　ウォール街の自爆』(文春新書)　神谷秀樹
『ドキュメント　平成政治史』1〜5(岩波書店)　後藤謙次
『喧嘩の流儀　菅義偉　知られざる履歴書』(新潮社)　読売新聞政治部
『日本の経済政策』(中公新書)　小林慶一郎

『日本経済30年史』（岩波新書）　山家悠紀夫
『財政・金融政策の転換点』（中公新書）　飯田泰之
『官邸官僚が本音で語る　権力の使い方』（新潮新書）　兼原信克　佐々木豊成　曽我豪　高見澤將林
『政治の修羅場』（文春新書）　鈴木宗男
『宏池会政権の軌跡』（日経ＢＰ）　芹川洋一
『官僚たちのアベノミクス』（岩波新書）　軽部謙介
『人の心に働きかける経済政策』（岩波新書）　翁邦雄
『物価とは何か』（講談社選書メチエ）　渡辺努
『日銀の責任』（ＰＨＰ新書）野口悠紀雄
『日本銀行　虚像と実像　検証25年緩和』（日経ＢＰ）　河浪武史
『日本銀行　我が国に迫る危機』（講談社現代新書）　河村小百合
『財務官僚・香川俊介追悼文集「正義とユーモア」』（イマジニア）
『危機の外交　岡本行夫自伝』（新潮社）　岡本行夫

[著者紹介]

鈴木洋嗣

すずき・ようじ

1960年、東京都生まれ。1984年、慶應義塾大学を卒業、株式会社文藝春秋入社。「オール讀物」「週刊文春」「諸君！」「文藝春秋」各編集部を経て、2004年から「週刊文春」編集長、2009年から「文藝春秋」編集長を歴任。その後、執行役員、取締役を務め、2024年6月に同社を退職し、小さなシンクタンクを設立。本書はその活動の第一作となる。

文《ぶん》藝《げい》春《しゅん》秋《じゅう》と政《せい》権《けん》構《こう》想《そう》

2024年7月3日　第1刷発行

著者

鈴木《すずき》洋嗣《ようじ》

発行者

森田浩章

発行所

株式会社 講談社　KODANSHA

〒112-8001　東京都文京区音羽2-12-21

電話　03-5395-3522(編集)

03-5395-4415(販売)

03-5395-3615(業務)

印刷所

株式会社新藤慶昌堂

製本所

株式会社国宝社

ISBN978-4-06-536426-0